Global Energy Review & Outlook

全球能源分析与展望

2017

国网能源研究院有限公司　编著

中国电力出版社
CHINA ELECTRIC POWER PRESS

图书在版编目（CIP）数据

全球能源分析与展望 . 2017 / 国网能源研究院有限公司编著. —北京：中国电力出版社，2017.12
ISBN 978-7-5198-1398-7

Ⅰ . ①全… Ⅱ . ①国… Ⅲ . ①能源发展–研究报告–世界– 2017 Ⅳ . ① F416.2

中国版本图书馆 CIP 数据核字 (2017) 第 284395 号

出版发行：中国电力出版社
地　　址：北京市东城区北京站西街 19 号（邮政编码 100005）
网　　址：http://www.cepp.sgcc.com.cn
责任编辑：刘汝青
责任校对：朱丽芳
装帧设计：王英磊 永诚天地
责任印制：蔺义舟

印　刷：北京瑞禾彩色印刷有限公司
版　次：2017 年 12 月第一版
印　次：2017 年 12 月北京第一次印刷
开　本：889 毫米 ×1194 毫米 16 开本
印　张：7
字　数：165 千字
定　价：98.00 元

全球能源分析与展望 2017

编　委　会

前 言

进入 21 世纪以来，世界经济持续增长，能源消费显著增加，部分国家和地区环境污染日趋严重，全球气候变化问题不断凸显。如何应对能源消费带来的环境影响尤其是气候变化是人类经济社会发展面临的重大挑战，已成为各国政府、能源行业以及科技工作者关注的焦点问题。2016 年，《巴黎协定》得以签署并正式生效，为 2020 年后全球应对气候变化行动做出了安排。携手应对全球气候变化，成为世界各国的共同行动、能源行业的一致目标。

气候变化问题的本质是能源问题，能源生产和消费导致的温室气体排放是气候变化的主要原因。为此，各国纷纷加快由化石能源为主向非化石能源为主的转型，加大风能、太阳能等可再生能源开发力度。中国政府提出到 2030 年非化石能源占比达到 20%，并争取在 2030 年前后实现二氧化碳排放达峰。国家电网公司是国有特大型能源企业，服务人口超过 11 亿，承担着促进全球能源转型的重任，在清洁能源发展和电能替代方面做出了突出贡献。截至 2016 年，中国风电、光伏发电装机容量分别达到 1.5 亿、0.8 亿千瓦，均居世界首位；电能替代力度空前，2016 年国家电网公司电能替代电量达到 1030 亿千瓦・时。国网能源研究院依托在能源电力领域的多年积累，发挥电力行业的独特优势，从 2015 年起开展全球能源分析与展望研究工作，总结全球能源电力历史现状，展望中长期全球能源电力发展趋势，探索全球能源转型的可行路径，期望为各国政府、企业界和学术界相关人士研究全球能源问题提供系统性的基础数据和前瞻性的决策参考。

《全球能源分析与展望 2017》基于对 1980—2015 年全球 208 个国家和地区的经济、能源、电力、环境等数据的搜集整理，提炼总结了全球能源发展的主要特点与重大趋势；构建了“经济 – 能源 – 电力 – 环境”相耦合的全球能源电力供需分析预测模型（GEMS-4E），综合考虑经济发展、技术进步、能源转型、能源政策等影响因素，模拟展望了中长期全球、各洲及重点国家的能源供需、电力供需、二氧化碳排放的变化趋势；考虑“一带一路”建设将对全球能源供需格局产生重大影响，对“一带一路”沿线国家能源电力发展趋势进行了专题研究。

考虑世界主要国家和地区的未来能源发展战略及关键能源技术发展趋势，展望部分设计了面向 2050 年的三个情景：一是高需求情景，能源需求持续较快增长，能源供应加快向可再生能源转型，以实现 2℃温升控制所要求的二氧化碳减排目标；二是高能效情景，各国高度重视能效管理，能源效率大幅提升，能源需求缓慢增长，能源转型相对较快，可以实现二氧化碳减排目标；三是自主减排情景，参考当前各国自主减排贡献承诺和可再生能源发展目标，能源效率有所提升，能源需求平稳增长，能源转型相对较慢，难以完成二氧化碳减排目标。应用 GEMS-4E 模型进行了模拟计算，得到全球、各洲及重点国家分阶段的能源需求、能源供应、电力需求、电力供应、二氧化碳排放等结果。本书主要介绍了自主减排情景下的能源电力发展趋势，并与高需求情景、高能效情景下的结果进行了对比，表明在目前的政策框架下要实现 2℃温升控制目标还需付出更大的努力。

本书在研究分析和编写过程中，得到了国务院发展研究中心、国资委研究局、国家发展改革委能源研究所、国家电网公司研究室、全球能源互联网合作组织、电力规划设计总院、中国电力企业联合会等单位专家的大力支持和帮助，在此表示感谢！

能源电力统计受数据来源、统计口径所限，情景展望受技术进步不确定性、政治军事冲突等因素影响，预期与实际发生情况或有不同，敬请读者理解。

受研究能力及编写时间所限，本书难免存在疏漏与不足之处，敬请批评指正！

编著者

2017 年 12 月

No.
med
Day
Dem and
Refer red
Daily
14%
13%
18%
15%
6%
7%
13%
14%
2,500.0
2,000.0
1,500.0
1,000.0
500.0
0.0
0.016982048
0.151785714
0.393072768
301
2301.17
7.65
12.37

目录

第一部分　全球能源现状分析

第二部分　全球能源发展展望

第三部分 “一带一路”专题

附 录

第一部分

全球能源现状分析

要 点

全球经济总体保持平稳增长，亚太对全球GDP增长的贡献近40%。1980—2015年，全球GDP从27.6万亿美元增至74.6万亿美元（2010年美元价，下同），年均增长2.9%，亚太贡献增量的37.4%；全球人均GDP年均增长1.4%，北美人均GDP最高（2015年为4.0万美元），亚太人均GDP增速最快（年均增速2.9%）。

全球能源消费持续增长，煤炭消费出现下降。1980—2015年，全球一次能源消费从106亿吨标准煤增至206亿吨标准煤，年均增长1.9%。2015年，全球煤炭消费下降4%，为21世纪首次下降。

亚太是全球能源消费的重心。1980—2015年，亚太能源消费年均增长4.0%，是全球平均增速的2倍以上，对全球能源消费增量的贡献率超过60%。2015年，亚太能源消费总量占全球的比重达41.8%。

全球能源强度普遍下降，发展中国家能源效率远低于发达国家。1980—2015年，全球能源强度从3.8吨标准煤/万美元降至2.8吨标准煤/万美元，年均下降0.9%。2015年，非洲和亚太能源强度分别是世界平均水平的1.9倍和1.4倍，北美和欧洲能源强度约为世界平均水平的70%。

工业、交通能源消费是终端能源消费增长的主要动力。2000—2015年，随着全球工业化和城镇化持续推进，工业和交通能源消费由55.2亿吨标准煤增至76.2亿吨标准煤，对终端能源消费增量的贡献为62%。

全球一次能源产量增量的一半以上来自亚太地区。1980—2015年，全球一次能源产量由105亿吨标准煤增至201亿吨标准煤；亚太地区增加50.4亿吨标准煤，贡献增量的52.7%。

全球煤炭生产贸易集中在亚太地区。2015年，60%以上的煤炭产量和进、出口量来自亚太地区。其中，中国煤炭产量接近全球的50%；中国、印度和日本的进口量占全球的近一半；印尼和澳大利亚的出口量占全球的53%。

中东是石油开采重心和最大的输出地，亚太和欧美是主要进口地。2015年，中东石油产量接近全球的1/3，出口量超过全球的40%，亚太、欧洲和北美的进口量占全球的95%以上。

北美、俄罗斯和中东是天然气主要产区和出口地，欧洲和亚太是主要进口地。2015年，北美、俄罗斯和中东天然气的产量、出口量分别占全球的62%、47%，欧洲和亚太天然气进口量接近全球的80%。

全球电力消费增速快于一次能源消费增速，亚太逐步成为全球电力消费中心。1980—2015年，全球电力消费从7.6万亿千瓦·时增至22.2万亿千瓦·时，年均增速（3.1%）较一次能源消费增速快1.2个百分点。全球电力消费中心从欧美向亚太转移，亚太用电占全球的比重由16.1%增至43.6%。

全球电气化水平持续提升。1980—2015年，全球发电能源占一次能源消费的比重从25.4%增至37.7%，提高12.3个百分点；电能占终端能源消费的比重从10.9%增至19.0%，提高8.1个百分点。

全球发电装机增长约2.2倍，亚太发电装机增长约7.3倍。1980—2015年，全球发电装机容量从19.8亿千瓦增至62.8亿千瓦，年均增长3.3%；亚太地区发电装机容量增加24.1亿千瓦，贡献全部装机增量的56%。

新能源发电装机高速增长，占总装机的比重不断上升。2006—2015年，风电、太阳能发电装机高速增长，年均增速分别为21.3%、48.2%，2015年两者装机占全球总装机的比重超过10%。

全球电力交换量快速增长，欧美电力交换尤为活跃。1980—2015年，全球（跨国）电力交换量从0.3万亿千瓦·时增至1.2万亿千瓦·时，年均增长3.9%。2015年，欧洲、北美和亚太地区的电力交换量占全球电力交换量的90%以上。

全球碳排放增速慢于一次能源消费增速，发展中国家人均碳排放量远低于发达国家。1980—2015年，全球化石能源消费产生的CO_2排放量年均增长1.7%，2015年达到342亿吨。2015年，全球人均CO_2排放量为4.7吨，其中OECD国家人均排放量达9.6吨，约为非OECD国家（3.4吨）的2.8倍。

1 经济社会

1.1 经济

（一）GDP

表1-1 1980—2015年分地区GDP（2010年美元价）

单位：万亿美元

年份 地区	1980	1990	2000	2005	2010	2011	2012	2013	2014	2015	结构（%）		增速（%）
											1980	2015	1980—2015
北美	7.83	10.70	14.94	16.89	17.63	17.96	18.37	18.66	19.11	19.55	28.4	26.2	2.6
美国	6.53	9.06	12.71	14.41	14.96	15.20	15.54	15.77	16.16	16.55	23.7	22.2	2.7
加拿大	0.78	1.01	1.34	1.52	1.61	1.66	1.69	1.73	1.77	1.79	2.8	2.4	2.4
墨西哥	0.52	0.62	0.88	0.96	1.05	1.09	1.14	1.15	1.18	1.21	1.9	1.6	2.4
中南美	2.12	2.22	2.93	3.40	4.17	4.36	4.46	4.60	4.47	4.44	7.7	6.0	2.1
巴西	1.01	1.19	1.53	1.77	2.21	2.30	2.34	2.41	2.41	2.32	3.7	3.1	2.4
阿根廷	0.23	0.19	0.30	0.33	0.43	0.45	0.45	0.46	0.45	0.46	0.8	0.6	2.0
其他	0.88	0.83	1.10	1.29	1.54	1.61	1.67	1.73	1.61	1.67	3.2	2.2	1.8
欧洲	10.32	14.41	17.05	19.11	20.31	20.78	20.78	20.90	21.28	21.78	37.4	29.2	2.2
欧盟	—	11.80	14.75	16.21	16.95	17.24	17.16	17.19	17.43	17.77	—	23.8	—
英国	1.21	1.61	2.05	2.36	2.40	2.45	2.48	2.53	2.61	2.67	4.4	3.6	2.3
法国	1.49	1.91	2.35	2.55	2.65	2.70	2.71	2.72	2.73	2.76	5.4	3.7	1.8
德国	2.04	2.57	3.12	3.21	3.42	3.54	3.56	3.57	3.62	3.69	7.4	4.9	1.7
意大利	1.38	1.75	2.06	2.16	2.13	2.14	2.08	2.04	2.03	2.05	5.0	2.7	1.1
西班牙	0.65	0.87	1.15	1.36	1.43	1.42	1.38	1.36	1.38	1.42	2.4	1.9	2.3
俄罗斯	—	1.41	0.95	1.28	1.52	1.59	1.65	1.67	1.68	1.62	—	2.2	—
其他	—	1.19	1.35	1.63	1.84	1.94	1.97	2.04	2.17	2.39	—	3.2	—
亚太	5.23	8.00	11.37	14.06	18.03	18.89	19.78	20.72	21.70	22.83	18.9	30.6	4.3
澳大利亚	0.44	0.61	0.85	0.99	1.14	1.17	1.21	1.24	1.27	1.30	1.6	1.7	3.1
中国	0.34	0.82	2.22	3.54	6.04	6.61	7.12	7.67	8.23	8.80	1.2	11.8	9.7
印度	0.28	0.49	0.84	1.16	1.71	1.82	1.92	2.05	2.20	2.37	1.0	3.2	6.3
日本	2.89	4.55	5.09	5.41	5.50	5.47	5.57	5.64	5.64	5.67	10.5	7.6	1.9
韩国	0.15	0.38	0.71	0.89	1.09	1.13	1.16	1.19	1.23	1.27	0.5	1.7	6.3
印尼	0.16	0.30	0.45	0.57	0.76	0.80	0.85	0.90	0.94	0.99	0.6	1.3	5.3
其他	0.96	0.84	1.21	1.50	1.79	1.87	1.94	2.02	2.18	2.44	3.5	3.3	2.7
中东	1.38	1.49	2.19	2.76	3.57	3.74	3.92	4.02	4.10	3.79	5.0	5.1	2.9
非洲	0.73	0.87	1.13	1.47	1.90	1.93	2.01	2.09	2.17	2.24	2.6	3.0	3.3
南非	0.19	0.22	0.27	0.32	0.38	0.39	0.40	0.40	0.41	0.42	0.7	0.6	2.3
埃及	0.05	0.09	0.14	0.16	0.22	0.22	0.23	0.23	0.24	0.25	0.2	0.3	4.7
其他	0.48	0.56	0.73	0.98	1.31	1.32	1.39	1.45	1.52	1.58	1.7	2.1	3.5
世界	27.61	37.68	49.62	57.69	65.61	67.65	69.32	70.98	72.83	74.63	100.0	100.0	2.9
OECD	22.23	28.84	37.39	41.53	43.52	44.28	44.78	45.28	46.22	47.43	80.5	63.6	2.2
非OECD	5.38	8.83	12.23	16.16	22.09	23.37	24.54	25.70	26.61	27.20	19.5	36.4	4.7

数据来源：世界银行、国网能源研究院有限公司。

全球经济总体保持平稳增长。1980—2015年，全球经济年均增长2.9%，其中1980—2000年年均增长3.0%，2000—2015年年均增长2.8%，后15年较前20年下降0.2个百分点。

亚太对全球GDP增长的贡献逐渐提高。1980—2015年，亚太对全球GDP增长的贡献率为37.4%，其中2000—2015年达到45.8%；亚太地区经济占全球比重上升了约11.7个百分点，而欧洲和北美比重分别下降了8.2、2.2个百分点。

中国GDP占全球的比重超过10%。1980—2015年，中国GDP占全球的比重由1.2%提高至11.8%[1]，对全球GDP增长的贡献率为18%，2012年以来贡献率超过30%。

[1] 按当年价计，2015 年中国 GDP 占全球的 14.8%。

（二）人均GDP

表1-2　1980—2015年分地区人均GDP（2010年美元价）

单位：万美元

地区＼年份	1980	1990	2000	2005	2010	2011	2012	2013	2014	2015	增速（%）1980—2015
北美	2.42	2.92	3.59	3.85	3.81	3.84	3.89	3.92	3.98	4.03	1.5
美国	2.84	3.58	4.49	4.87	4.83	4.87	4.94	4.97	5.06	5.14	1.7
加拿大	3.19	3.67	4.37	4.73	4.73	4.82	4.86	4.91	4.98	4.99	1.3
墨西哥	0.75	0.72	0.86	0.87	0.89	0.91	0.93	0.93	0.94	0.95	0.7
中南美	0.72	0.61	0.69	0.75	0.87	0.90	0.91	0.93	0.89	0.88	0.6
巴西	0.82	0.79	0.87	0.94	1.11	1.14	1.16	1.18	1.17	1.12	0.9
阿根廷	0.81	0.60	0.82	0.85	1.03	1.09	1.06	1.08	1.04	1.05	0.7
其他	0.61	0.47	0.52	0.57	0.64	0.66	0.68	0.69	0.64	0.65	0.2
欧洲	1.30	1.71	1.98	2.19	2.29	2.33	2.33	2.33	2.37	2.41	1.8
欧盟	—	3.06	3.81	4.16	4.31	4.39	4.38	4.40	4.47	4.56	—
英国	2.15	2.83	3.49	3.91	3.83	3.88	3.90	3.96	4.05	4.12	1.9
法国	2.76	3.35	3.95	4.16	4.20	4.27	4.26	4.26	4.26	4.29	1.3
德国	2.61	3.25	3.81	3.96	4.25	4.40	4.42	4.43	4.49	4.57	1.6
意大利	2.45	3.07	3.61	3.68	3.57	3.58	3.48	3.41	3.40	3.43	1.0
西班牙	1.73	2.23	2.82	3.10	3.07	3.03	2.96	2.92	2.97	3.08	1.7
俄罗斯	—	0.96	0.65	0.89	1.07	1.11	1.15	1.16	1.17	1.13	—
其他	—	0.39	0.41	0.48	0.53	0.55	0.55	0.56	0.59	0.65	—
亚太	0.21	0.27	0.33	0.39	0.47	0.49	0.51	0.53	0.55	0.57	2.9
澳大利亚	2.98	3.57	4.43	4.89	5.15	5.19	5.29	5.34	5.39	5.43	1.7
中国	0.03	0.07	0.18	0.27	0.45	0.49	0.53	0.56	0.60	0.64	9.1
印度	0.04	0.06	0.08	0.10	0.14	0.15	0.15	0.16	0.17	0.18	4.4
日本	2.50	3.72	4.05	4.26	4.32	4.30	4.38	4.45	4.45	4.48	1.7
韩国	0.40	0.88	1.54	1.88	2.23	2.30	2.34	2.40	2.47	2.52	5.4
印尼	0.11	0.17	0.21	0.25	0.31	0.33	0.34	0.36	0.37	0.38	3.6
其他	0.21	0.15	0.17	0.20	0.22	0.23	0.23	0.24	0.25	0.28	0.8
中东	1.57	1.17	1.36	1.53	1.74	1.78	1.83	1.84	1.84	1.67	0.2
非洲	0.15	0.14	0.14	0.16	0.18	0.18	0.18	0.19	0.19	0.19	0.7
南非	0.66	0.61	0.59	0.67	0.73	0.74	0.75	0.76	0.76	0.76	0.4
埃及	0.12	0.16	0.20	0.22	0.27	0.27	0.27	0.27	0.27	0.27	2.3
其他	0.12	0.10	0.10	0.12	0.14	0.14	0.14	0.15	0.15	0.15	0.6
世界	0.62	0.71	0.81	0.89	0.95	0.97	0.98	0.99	1.01	1.02	1.4
OECD	2.26	2.70	3.24	3.48	3.51	3.55	3.57	3.59	3.64	3.72	1.4
非OECD	0.16	0.21	0.25	0.31	0.39	0.41	0.42	0.44	0.45	0.45	3.0

数据来源：联合国、世界银行、国网能源研究院有限公司。

全球人均GDP持续上升，亚太地区增速加快。1980—2015年，全球人均GDP从0.6万美元增至1.0万美元，年均增长1.4%。亚太地区年均增速由1980—2000年的2.2%提升至2000—2015年的3.7%，北美地区年均增速则由2.0%降至0.8%。

发展中国家与发达国家的人均GDP差距扩大。1980—2015年，非OECD国家与OECD国家人均GDP的差距由2.1万美元扩大到3.3万美元。2015年，OECD国家人均GDP约为非OECD国家的8倍。

中国人均GDP快速增长，但远低于发达国家。1980—2015年，中国人均GDP增长17倍，2015年的人均GDP（6394美元）[1]远低于美国（51429美元）和日本（44793美元）。

[1] 按当年价计，2015年中国人均GDP约7900美元，美国为55775美元，日本为32576美元。

1.2 人口

表1-3 1980—2015年分地区人口

单位：亿人

地区＼年份	1980	1990	2000	2005	2010	2011	2012	2013	2014	2015	结构（%）		增速（%）
											1980	2015	1980—2015
北美	3.23	3.66	4.16	4.38	4.63	4.67	4.72	4.76	4.80	4.85	7.3	6.6	1.2
美国	2.30	2.53	2.83	2.96	3.10	3.12	3.15	3.17	3.19	3.22	5.2	4.4	1.0
加拿大	0.25	0.28	0.31	0.32	0.34	0.34	0.35	0.35	0.36	0.36	0.6	0.5	1.0
墨西哥	0.69	0.86	1.03	1.10	1.19	1.20	1.22	1.24	1.25	1.27	1.6	1.7	1.8
中南美	2.96	3.61	4.24	4.54	4.81	4.86	4.92	4.97	5.02	5.07	6.7	6.9	1.5
巴西	1.22	1.50	1.76	1.88	1.99	2.01	2.02	2.04	2.06	2.08	2.8	2.8	1.5
阿根廷	0.28	0.33	0.37	0.39	0.41	0.42	0.42	0.43	0.43	0.43	0.6	0.6	1.2
其他	1.45	1.78	2.11	2.26	2.41	2.44	2.47	2.50	2.53	2.56	3.3	3.5	1.6
欧洲	7.94	8.42	8.61	8.72	8.87	8.90	8.93	8.96	8.99	9.02	18.0	12.3	0.4
欧盟	—	3.85	3.87	3.90	3.93	3.93	3.92	3.91	3.90	3.90	—	5.3	—
英国	0.56	0.57	0.59	0.60	0.63	0.63	0.64	0.64	0.64	0.65	1.3	0.9	0.4
法国	0.54	0.57	0.59	0.61	0.63	0.63	0.64	0.64	0.64	0.64	1.2	0.9	0.5
德国	0.78	0.79	0.82	0.81	0.80	0.80	0.80	0.81	0.81	0.81	1.8	1.1	0.1
意大利	0.56	0.57	0.57	0.59	0.60	0.60	0.60	0.60	0.60	0.60	1.3	0.8	0.2
西班牙	0.38	0.39	0.41	0.44	0.47	0.47	0.47	0.46	0.46	0.46	0.9	0.6	0.5
俄罗斯	—	1.48	1.46	1.44	1.43	1.43	1.43	1.43	1.43	1.43	—	2.0	—
其他	—	3.09	3.28	3.38	3.51	3.54	3.58	3.62	3.65	3.69	—	5.0	—
亚太	24.40	29.58	34.23	36.27	38.21	38.60	38.98	39.37	39.75	40.13	55.2	54.8	1.4
澳大利亚	0.15	0.17	0.19	0.20	0.22	0.23	0.23	0.23	0.24	0.24	0.3	0.3	1.4
中国	9.78	11.55	12.70	13.06	13.41	13.48	13.55	13.63	13.69	13.76	22.1	18.8	1.0
印度	6.97	8.71	10.53	11.44	12.31	12.47	12.64	12.79	12.95	13.11	15.8	17.9	1.8
日本	1.16	1.22	1.26	1.27	1.27	1.27	1.27	1.27	1.27	1.27	2.6	1.7	0.3
韩国	0.37	0.43	0.46	0.48	0.49	0.49	0.50	0.50	0.50	0.50	0.8	0.7	0.9
印尼	1.47	1.81	2.12	2.26	2.42	2.45	2.48	2.51	2.54	2.58	3.3	3.5	1.6
其他	4.50	5.69	6.97	7.56	8.09	8.20	8.32	8.44	8.56	8.68	10.2	11.9	1.9
中东	0.88	1.27	1.61	1.81	2.06	2.10	2.15	2.19	2.23	2.27	2.0	3.1	2.7
非洲	4.78	6.32	8.14	9.20	10.44	10.71	10.99	11.27	11.56	11.86	10.8	16.2	2.6
南非	0.29	0.37	0.45	0.48	0.52	0.52	0.53	0.53	0.54	0.54	0.7	0.7	1.8
埃及	0.43	0.56	0.68	0.75	0.82	0.84	0.86	0.88	0.90	0.92	1.0	1.3	2.2
其他	4.05	5.38	7.01	7.97	9.10	9.35	9.60	9.86	10.13	10.40	9.2	14.2	2.7
世界	44.19	52.86	61.00	64.92	69.01	69.85	70.68	71.52	72.36	73.20	100.0	100.0	1.5
OECD	9.85	10.67	11.53	11.94	12.39	12.47	12.55	12.62	12.69	12.76	22.3	17.4	0.7
非OECD	34.35	42.19	49.48	52.98	56.62	57.38	58.14	58.90	59.67	60.43	77.7	82.6	1.6

数据来源：联合国、国网能源研究院有限公司。

全球人口增长趋缓，人口增长主要来自亚太和非洲。1980—2015年，全球总人口由44.2亿增至73.2亿，增速由1980—2000年的1.6%降至2000—2015年的1.2%；亚太和非洲地区分别贡献增量的54.2%和24.4%。

中国、印度两国人口占全球的1/3以上。1980—2015年，中国、印度人口年均增速分别为1.0%、1.8%，2015年中国、印度两国人口分别占全球的18.8%、17.9%。2015年中国人口相当于欧洲和北美人口之和。

OECD国家占世界人口的比重略有下降。1980—2015年，OECD国家人口占世界人口比重由22.3%降至17.4%，非OECD国家比重由77.7%增至82.6%。

2 能源消费

2.1 一次能源消费

（一）分地区一次能源消费

表1-4 1980—2015年分地区一次能源消费

单位：亿吨标准煤

地区＼年份	1980	1990	2000	2005	2010	2011	2012	2013	2014	2015[e]	结构（%）1980	结构（%）2015	增速（%）1980—2015
北美	30.4	32.9	38.9	39.7	38.8	38.8	38.5	39.1	39.7	39.4	28.8	19.1	0.7
美国	25.9	27.7	32.5	32.8	31.6	31.3	30.9	31.5	32.0	31.9	24.5	15.4	0.6
加拿大	3.3	3.5	4.3	4.6	4.6	4.8	4.8	5.0	5.0	5.0	3.1	2.4	1.2
墨西哥	1.3	1.7	2.1	2.4	2.6	2.6	2.7	2.7	2.6	2.6	1.2	1.3	2.0
中南美	4.5	5.6	7.5	8.5	10.1	10.4	10.7	10.8	11.0	11.1	4.3	5.4	2.6
巴西	1.9	2.4	3.2	3.7	4.5	4.7	4.8	4.9	5.0	5.0	1.8	2.4	2.8
阿根廷	0.6	0.7	1.0	1.0	1.2	1.2	1.3	1.3	1.3	1.3	0.6	0.7	2.2
其他	2.0	2.5	3.3	3.8	4.4	4.4	4.6	4.6	4.7	4.8	1.9	2.3	2.5
欧洲	40.4	46.2	40.4	42.7	43.2	43.0	43.4	43.0	41.7	42.0	38.3	20.3	0.1
欧盟	—	23.5	24.5	25.7	25.2	24.2	24.2	24.1	23.3	23.8	—	11.5	—
英国	2.8	2.9	3.1	3.1	2.9	2.7	2.8	2.7	2.6	2.6	2.7	1.3	-0.2
法国	2.8	3.1	3.7	3.8	3.7	3.5	3.6	3.6	3.5	3.5	2.7	1.7	0.6
德国	5.1	5.0	4.8	4.8	4.8	4.6	4.6	4.7	4.6	4.6	4.8	2.2	-0.2
意大利	1.9	2.1	2.4	2.6	2.5	2.4	2.4	2.3	2.2	2.3	1.8	1.1	0.5
西班牙	1.0	1.3	1.8	2.1	2.0	1.9	1.9	1.9	1.8	1.9	0.9	0.9	1.9
俄罗斯	—	13.2	9.2	9.6	10.2	10.6	10.8	10.8	10.5	10.5	—	5.0	—
其他	—	9.6	6.8	7.4	7.9	8.2	8.3	8.2	8.0	8.0	—	3.9	—
亚太	22.0	31.8	44.5	57.2	73.2	76.6	79.1	82.0	84.1	86.2	20.9	41.8	4.0
澳大利亚	1.0	1.3	1.6	1.7	1.8	1.9	1.9	1.9	1.9	1.9	0.9	0.9	1.9
中国①	8.5	12.3	17.3	26.4	38.0	41.0	42.7	44.7	45.9	46.8	8.1	22.7	5.0
中国②	6.0	9.9	14.7	26.1	36.1	38.7	40.2	41.7	42.6	43.0	5.7	—	5.8
印度	2.9	4.5	6.4	7.6	10.1	10.6	11.1	11.4	12.0	12.7	2.7	6.2	4.3
日本	5.0	6.3	7.3	7.4	7.0	6.7	6.6	6.6	6.5	6.4	4.7	3.1	0.7
韩国	0.6	1.3	2.6	3.0	3.5	3.6	3.7	3.7	3.7	3.8	0.6	1.8	5.4
印尼	0.8	1.4	2.2	2.5	2.9	2.9	3.0	3.1	3.3	3.4	0.8	1.7	4.2
其他	3.1	4.8	7.0	8.5	9.8	9.9	10.2	10.6	10.9	11.3	2.9	5.5	3.8
中东	1.6	3.1	5.1	6.8	8.8	9.1	9.6	9.9	10.3	10.8	1.5	5.2	5.6
非洲	4.0	5.7	7.2	8.7	10.1	10.3	10.8	11.0	11.3	11.6	3.8	5.6	3.1
南非	1.0	1.4	1.5	1.9	2.0	2.0	2.0	2.1	2.1	2.1	0.9	1.0	2.1
埃及	0.2	0.5	0.6	0.9	1.1	1.1	1.2	1.1	1.1	1.1	0.2	0.5	5.0
其他	2.8	3.9	5.0	6.0	7.0	7.2	7.6	7.8	8.0	8.4	2.7	4.1	3.2
国际航空	1.0	1.2	1.7	2.0	2.2	2.3	2.3	2.3	2.4	2.5	0.9	1.2	2.7
国际水运	1.6	1.7	2.2	2.6	3.0	3.0	2.7	2.7	2.8	2.8	1.5	1.4	1.6
世界	105.5	128.2	147.7	168.4	189.4	193.4	196.9	200.9	203.4	206.4	100.0	100.0	1.9
OECD	59.4	65.8	77.0	79.7	79.0	77.9	77.9	78.5	78.1	78.4	56.3	38.0	0.8
非OECD	43.6	59.5	66.8	84.0	105.2	110.2	114.1	117.3	120.1	122.7	41.3	59.4	3.0

数据来源：国际能源署、英国石油公司、中国国家统计局、国网能源研究院有限公司。

注 1. 中国①为本书计算（国别可比）口径，中国②为中国国家统计局口径，如无上标或说明，中国均为本书计算（国别可比）口径，下同。中国①原始数据主要来源于国际能源署，与中国②数据的差异主要是生物质能等。

2. e代表估算值，下同。

全球能源消费增速低于GDP增速。1980—2015年，全球一次能源消费由105.5亿吨标准煤增至206.4亿吨标准煤，年均增长1.9%；其中1980—2000年年均增长1.7%，2000—2015年年均增长2.3%；能源消费增速较GDP增速低1.0个百分点。

亚太是全球能源消费增长的引擎。1980—2015年，亚太能源消费由22.0亿吨标准煤增至86.2亿吨标准煤，占全球比重由20.9%增至41.8%，对全球增长的贡献达64%。

中国是世界第一大能源消费国，超过欧洲能源消费总量。2015年，中国一次能源消费总量达46.8亿吨标准煤，占世界一次能源消费总量的22.7%。

（二）分品种一次能源消费结构

表1-5　2000年和2005年分品种一次能源消费结构

单位：%

品种 地区	2000年						2005年						非化石能源占比	
	煤炭	石油	天然气	水能	核能	非水可再生能源	煤炭	石油	天然气	水能	核能	非水可再生能源	2000年	2005年
北美	21.6	38.3	23.7	5.4	7.3	3.8	20.9	39.8	22.7	5.4	7.4	3.8	16.5	16.6
美国	24.1	38.0	23.8	2.5	7.9	3.6	23.6	39.8	22.3	2.7	8.0	3.5	14.0	14.2
加拿大	10.5	28.7	24.7	26.8	5.4	3.9	8.9	29.5	25.2	25.4	6.5	4.7	36.2	36.5
墨西哥	4.7	62.2	19.5	5.1	1.3	7.3	5.8	59.5	22.7	3.8	1.5	6.7	13.6	11.9
中南美	4.0	40.9	15.7	23.6	0.5	15.3	3.6	38.0	17.9	23.5	0.6	16.4	39.4	40.5
巴西	5.8	39.2	3.5	30.3	0.6	20.5	5.0	34.0	6.4	29.4	0.9	24.4	51.5	54.6
阿根廷	0.9	36.4	46.5	9.7	2.1	4.4	1.2	34.8	48.0	10.7	2.2	3.2	16.2	16.0
其他	3.2	43.8	18.6	21.0	0.0	13.4	2.9	42.8	20.9	21.3	0.0	12.1	34.4	33.4
欧洲	18.9	30.6	31.1	6.6	9.5	3.4	17.8	29.4	32.9	6.0	9.6	4.3	19.4	19.9
欧盟	18.6	37.0	22.9	4.7	12.5	4.3	17.5	35.7	24.4	3.9	12.5	5.9	21.5	22.3
英国	16.6	33.4	39.7	0.5	8.8	1.0	17.3	32.9	38.8	0.5	8.4	2.1	10.3	11.0
法国	5.9	33.7	13.9	5.8	36.4	4.3	5.4	32.2	15.2	4.3	38.1	4.7	46.5	47.2
德国	25.6	37.7	20.7	1.5	11.5	3.0	24.3	34.8	22.1	1.3	11.0	6.4	16.1	18.7
意大利	7.2	50.7	34.0	5.9	0.0	2.2	8.9	44.3	38.8	4.5	0.0	3.5	8.1	8.0
西班牙	17.2	49.9	12.2	5.1	11.3	4.2	14.3	47.1	20.0	2.9	8.9	6.8	20.7	18.6
俄罗斯	18.3	20.0	50.2	5.8	4.7	1.1	16.4	19.3	52.2	5.8	5.1	1.1	11.6	12.0
其他	20.9	21.8	34.8	14.2	5.0	3.2	20.4	20.7	37.5	13.5	5.0	2.8	22.4	21.4
亚太	36.5	30.7	8.2	3.8	3.7	17.0	42.9	27.0	8.7	4.2	3.2	14.0	24.5	21.4
澳大利亚	43.3	30.9	17.7	3.4	0.0	4.7	42.4	30.1	20.1	2.9	0.0	4.5	8.1	7.4
中国	58.6	18.3	1.7	4.2	0.3	17.0	63.9	17.2	2.1	4.9	0.6	11.3	21.4	16.8
印度	32.5	24.6	5.1	3.7	0.8	33.2	35.1	23.0	6.0	4.6	0.7	30.6	37.8	35.9
日本	18.6	48.8	13.1	3.8	14.2	1.5	21.5	46.2	13.9	3.3	13.3	1.8	19.6	18.4
韩国	24.4	51.7	9.3	0.5	13.4	0.8	25.4	44.1	13.1	0.4	15.9	1.1	14.7	17.4
印尼	8.4	36.7	17.7	1.5	0.0	35.8	12.3	37.1	16.4	1.4	0.0	32.8	37.3	34.2
其他	16.6	38.3	16.7	4.9	1.9	21.6	18.8	34.6	21.1	4.8	1.6	19.2	28.4	25.5
中东	0.4	57.9	41.1	0.5	0.0	0.1	0.4	53.8	44.3	1.3	0.0	0.2	0.6	1.5
非洲	17.9	19.4	9.4	3.4	0.6	49.3	16.8	20.7	12.1	3.3	0.4	46.7	53.3	50.5
南非	75.8	8.2	1.3	0.2	2.7	11.7	72.0	13.2	2.1	0.2	2.0	10.5	14.7	12.7
埃及	2.0	53.7	33.9	7.3	0.0	3.1	1.3	44.4	47.3	4.5	0.0	2.4	10.4	7.0
其他	0.6	5.6	2.7	1.2	0.0	89.9	1.9	19.4	9.9	4.1	0.0	64.8	91.1	68.8
世界	23.0	35.4	19.9	5.7	5.7	10.3	25.1	34.0	20.0	5.6	5.3	10.0	21.7	21.0
OECD	20.7	39.2	21.3	5.6	9.4	3.8	20.2	38.9	21.7	5.3	9.5	4.3	18.9	19.1
非OECD	27.0	27.3	19.5	6.2	1.7	18.3	31.0	25.7	19.5	6.3	1.6	15.9	26.2	23.8

数据来源：国际能源署、英国石油公司、中国国家统计局、国网能源研究院有限公司。

全球一次能源消费以油气为主。2000—2015年，全球油气消费量占一次能源消费总量比重略有下降，但油气占比一直高于50%；2015年，全球油气占一次能源消费总量的比重为50.8%。

煤炭消费出现下降。2014年全球煤炭消费增长转弱，而2015年则迎来了21世纪的首次下降。2015年，中国、南非煤炭消费比重仍在60%以上。

非化石能源比重持续提升。2000—2015年，全球非化石能源占一次能源消费的比重由21.7%增至22.8%，提高了1.1个百分点。

表1-6 2010年和2015年分品种一次能源消费结构

单位：%

地区 \ 品种	2010年						2015年[e]						非化石能源占比	
	煤炭	石油	天然气	水能	核能	非水可再生能源	煤炭	石油	天然气	水能	核能	非水可再生能源	2010年	2015年
北美	19.8	36.4	25.7	5.4	7.8	5.0	14.7	36.1	28.7	5.6	7.8	7.1	18.2	20.5
美国	22.6	35.9	25.2	2.7	8.6	5.0	16.8	36.0	28.8	2.6	8.5	7.3	16.3	18.4
加拿大	7.4	31.6	25.2	24.8	6.4	4.6	5.1	28.7	27.5	25.5	6.9	6.3	35.9	38.7
墨西哥	7.3	50.5	32.0	4.7	0.7	4.7	6.8	51.0	31.1	3.9	1.5	5.7	10.1	11.1
中南美	3.6	38.3	18.1	22.2	0.7	17.1	4.2	37.7	18.8	20.6	0.6	18.1	40.0	39.3
巴西	4.6	32.6	7.2	28.7	1.0	25.9	5.0	34.1	10.4	23.9	1.0	25.7	55.6	50.5
阿根廷	1.2	38.0	46.5	9.1	1.9	3.3	1.6	35.3	46.4	10.3	1.7	4.6	14.4	16.7
其他	3.2	44.3	21.6	19.0	0.0	11.8	4.0	42.1	20.0	20.0	0.0	13.9	30.8	33.9
欧洲	16.8	27.2	33.9	6.5	9.0	6.6	16.2	27.2	31.2	6.8	9.1	9.6	22.1	25.5
欧盟	15.7	32.5	25.3	4.8	11.8	9.8	15.5	31.2	21.7	4.7	11.8	15.1	26.4	31.6
英国	14.8	31.2	42.2	0.4	7.0	4.4	12.5	32.6	33.4	0.8	8.8	12.0	11.8	21.6
法国	4.6	29.3	16.1	5.5	37.5	7.0	3.6	27.6	14.2	5.1	40.4	9.0	49.9	54.6
德国	23.3	31.4	23.3	1.4	9.5	11.0	23.5	30.2	20.6	1.3	6.3	18.1	22.0	25.8
意大利	7.7	37.5	38.5	6.6	0.0	9.7	7.7	35.2	34.3	6.4	0.0	16.4	16.3	22.8
西班牙	5.9	41.8	22.2	6.8	10.0	13.3	11.4	37.4	18.9	4.9	9.9	17.4	30.1	32.3
俄罗斯	14.9	19.6	53.7	5.3	5.5	1.0	14.3	22.9	49.9	5.5	6.4	0.9	11.8	12.8
其他	22.6	20.0	35.8	13.4	4.9	3.4	20.5	20.4	35.7	14.6	4.7	4.2	21.7	23.4
亚太	47.0	23.5	9.7	4.9	2.6	12.3	46.4	23.1	10.0	6.0	1.6	13.0	19.8	20.5
澳大利亚	39.2	30.6	22.6	2.4	0.0	5.2	32.9	33.4	23.3	3.1	0.0	7.4	7.6	10.4
中国	65.1	16.0	3.3	6.0	0.6	8.8	60.3	16.4	4.9	7.8	1.2	9.4	15.5	18.4
印度	39.5	22.0	7.7	3.9	0.8	25.9	44.5	21.7	4.8	3.3	1.0	24.8	30.7	29.0
日本	22.4	39.3	18.6	3.8	13.3	2.5	26.5	40.1	23.5	4.6	0.0	5.3	19.6	9.9
韩国	29.9	38.6	15.7	0.3	13.8	1.6	29.7	38.6	14.5	0.2	14.1	2.8	15.8	17.1
印尼	13.2	35.6	18.6	1.9	0.0	30.7	17.4	31.5	16.3	1.6	0.0	33.2	32.7	34.8
其他	19.6	32.7	22.8	4.9	1.5	18.5	18.7	33.7	23.4	6.1	1.3	16.8	24.9	24.2
中东	0.4	49.1	49.7	0.7	0.0	0.2	0.5	46.5	52.0	0.8	0.1	0.2	0.8	1.0
非洲	15.1	21.9	12.4	3.5	0.4	46.7	13.3	21.0	14.0	3.5	0.3	47.9	50.5	51.7
南非	70.6	14.0	2.7	0.3	1.9	10.4	67.6	15.9	2.7	0.2	1.6	12.0	12.7	13.8
埃及	0.6	45.9	47.0	3.9	0.0	2.6	0.5	40.2	52.2	4.2	0.0	2.9	6.4	7.0
其他	1.4	20.5	9.9	4.3	0.0	63.9	1.6	19.7	11.7	4.3	0.0	62.8	68.3	67.0
世界	27.1	31.0	20.7	5.9	4.7	10.7	26.5	30.3	20.5	6.3	4.1	12.4	21.3	22.8
OECD	19.5	35.3	24.1	5.5	9.4	6.2	17.0	34.8	25.0	5.9	8.2	9.1	21.1	23.2
非OECD	34.1	24.4	19.1	6.4	1.4	14.6	33.6	24.4	18.5	6.8	1.6	15.0	22.5	23.5

数据来源：国际能源署、英国石油公司、中国国家统计局、国网能源研究院有限公司。

各地区能源消费结构差异大。2015年，亚太地区煤炭占一次能源消费的46.4%，北美的油气比重超过60%，中东地区的油气比重超过90%。

OECD国家油气占比高于非OECD国家。2000—2015年，OECD国家油气消费量占一次能源消费总量的比重维持在60%左右，高于非OECD国家约15个百分点。

全球煤炭消费的一半以上来自中国。2015年，中国煤炭消费量占世界煤炭消费总量的51.6%。

（三）人均能源消费

表1-7　1980—2015年分地区人均能源消费

单位：吨标准煤

地区 \ 年份	1980	1990	2000	2005	2010	2011	2012	2013	2014	2015e	增速（%）1980—2015
北美	9.41	8.99	9.35	9.07	8.38	8.29	8.16	8.22	8.26	8.13	-0.4
美国	11.27	10.95	11.48	11.06	10.21	10.03	9.83	9.94	10.03	9.90	-0.4
加拿大	13.27	12.81	14.08	14.29	13.40	13.83	13.86	14.11	14.10	13.83	0.1
墨西哥	1.88	1.95	2.05	2.16	2.16	2.20	2.21	2.15	2.11	2.03	0.2
中南美	1.54	1.55	1.78	1.88	2.11	2.13	2.17	2.18	2.20	2.20	1.0
巴西	1.54	1.58	1.84	1.97	2.29	2.33	2.37	2.41	2.44	2.41	1.3
阿根廷	2.22	2.07	2.59	2.63	2.90	2.97	2.97	2.96	3.06	3.09	0.9
其他	1.40	1.42	1.58	1.67	1.82	1.82	1.87	1.86	1.86	1.88	0.8
欧洲	5.09	5.48	4.70	4.90	4.88	4.83	4.85	4.80	4.64	4.65	-0.3
欧盟	—	6.09	6.33	6.60	6.41	6.16	6.17	6.16	5.97	6.11	—
英国	5.00	5.10	5.33	5.23	4.58	4.24	4.34	4.30	4.01	4.05	-0.6
法国	5.18	5.52	6.21	6.25	5.87	5.57	5.59	5.68	5.43	5.48	0.2
德国	6.56	6.30	5.81	5.89	5.92	5.66	5.76	5.88	5.70	5.89	-0.3
意大利	3.42	3.66	4.26	4.44	4.23	4.10	4.01	3.85	3.71	3.85	0.3
西班牙	2.74	3.35	4.36	4.75	4.30	4.17	4.16	4.02	3.97	4.07	1.1
俄罗斯	—	8.92	6.25	6.66	7.11	7.43	7.54	7.50	7.31	7.07	—
其他	—	3.10	2.08	2.20	2.24	2.30	2.33	2.27	2.18	2.17	—
亚太	0.90	1.08	1.30	1.58	1.91	1.98	2.03	2.08	2.12	2.15	2.5
澳大利亚	7.03	7.33	8.13	8.45	8.31	8.21	8.13	8.02	7.86	7.86	0.3
中国	0.87	1.06	1.36	2.02	2.84	3.04	3.15	3.28	3.35	3.40	4.0
印度	0.42	0.51	0.61	0.66	0.82	0.85	0.88	0.89	0.93	0.97	2.4
日本	4.35	5.17	5.84	5.85	5.50	5.25	5.17	5.23	5.09	5.05	0.4
韩国	1.52	3.06	5.69	6.26	7.11	7.39	7.49	7.41	7.49	7.57	4.7
印尼	0.53	0.78	1.05	1.12	1.21	1.20	1.21	1.24	1.28	1.33	2.7
其他	0.70	0.84	1.01	1.13	1.21	1.20	1.22	1.25	1.27	1.30	1.8
中东	1.80	2.41	3.19	3.78	4.28	4.34	4.48	4.51	4.63	4.75	2.8
非洲	0.84	0.91	0.88	0.95	0.97	0.96	0.98	0.97	0.97	0.98	0.4
南非	3.30	3.71	3.43	3.84	3.91	3.76	3.78	3.88	3.96	3.82	0.4
埃及	0.57	0.85	0.89	1.21	1.33	1.35	1.37	1.26	1.23	1.21	2.2
其他	0.70	0.72	0.72	0.75	0.77	0.77	0.79	0.79	0.79	0.81	0.4
世界	2.39	2.42	2.42	2.59	2.74	2.77	2.79	2.81	2.81	2.82	0.5
OECD	6.03	6.17	6.68	6.68	6.38	6.25	6.21	6.22	6.15	6.14	0.1
非OECD	1.27	1.41	1.35	1.59	1.86	1.92	1.96	1.99	2.01	2.03	1.3

数据来源：联合国、国际能源署、英国石油公司、国网能源研究院有限公司。

全球人均能源消费2000年后明显提高。1980—2015年，全球人均能源消费由2.4吨标准煤增至2.8吨标准煤，主要是2000年以后贡献；其中，2000—2005年、2005—2010年分别增长0.17、0.15吨标准煤，2010—2015年仅提高0.08吨标准煤。

发达国家人均能源消费出现下降，发展中国家人均能源消费持续提升。1980—2015年，北美、欧洲人均能源消费分别下降13.6%、8.6%，亚太、中东分别增长1.4倍、1.6倍。

北美和欧洲人均能源消费明显高于其他地区。2015年，北美、欧洲的人均能源消费分别为8.1、4.7吨标准煤，约为世界平均水平的2.9倍、1.6倍。

中国人均能源消费远低于发达国家水平。2015年，中国人均能源消费为3.4吨标准煤，仅约为美国（9.9吨标准煤）的1/3、德国（5.9吨标准煤）的3/5。

（四）能源强度

表1-8 1980—2015年分地区能源强度

单位：吨标准煤/万美元

地区＼年份	1980	1990	2000	2005	2010	2011	2012	2013	2014	2015^e	增速（%）1980—2015
北美	3.89	3.08	2.61	2.35	2.20	2.16	2.09	2.10	2.08	2.02	-1.9
美国	3.96	3.05	2.56	2.27	2.11	2.06	1.99	2.00	1.98	1.92	-2.0
加拿大	4.16	3.49	3.22	3.02	2.83	2.87	2.85	2.87	2.83	2.77	-1.2
墨西哥	2.52	2.70	2.39	2.48	2.43	2.42	2.37	2.30	2.24	2.14	-0.5
中南美	2.15	2.52	2.57	2.51	2.43	2.38	2.39	2.35	2.47	2.51	0.4
巴西	1.87	2.00	2.11	2.09	2.06	2.04	2.05	2.04	2.08	2.16	0.4
阿根廷	2.75	3.47	3.15	3.08	2.81	2.74	2.80	2.75	2.95	2.94	0.2
其他	2.31	3.04	3.05	2.93	2.86	2.76	2.76	2.68	2.91	2.88	0.6
欧洲	3.91	3.20	2.37	2.24	2.13	2.07	2.09	2.06	1.96	1.93	-2.0
欧盟	—	1.99	1.66	1.59	1.49	1.40	1.41	1.40	1.34	1.34	—
英国	2.32	1.80	1.53	1.34	1.19	1.09	1.11	1.08	0.99	0.98	-2.4
法国	1.88	1.65	1.57	1.50	1.40	1.30	1.31	1.33	1.28	1.28	-1.1
德国	2.51	1.94	1.52	1.49	1.39	1.29	1.30	1.33	1.27	1.29	-1.9
意大利	1.40	1.19	1.18	1.21	1.19	1.15	1.15	1.13	1.09	1.12	-0.6
西班牙	1.58	1.50	1.55	1.53	1.40	1.37	1.40	1.37	1.33	1.32	-0.5
俄罗斯	—	9.30	9.62	7.46	6.67	6.69	6.57	6.45	6.24	6.28	—
其他	—	8.01	5.03	4.57	4.27	4.19	4.24	4.03	3.67	3.35	—
亚太	4.21	3.98	3.92	4.07	4.06	4.05	4.00	3.96	3.88	3.78	-0.3
澳大利亚	2.36	2.05	1.84	1.73	1.61	1.58	1.54	1.50	1.46	1.45	-1.4
中国	25.13	14.90	7.79	7.46	6.30	6.20	5.99	5.83	5.58	5.31	-4.3
印度	10.35	9.21	7.68	6.54	5.90	5.81	5.75	5.54	5.46	5.37	-1.9
日本	1.74	1.39	1.44	1.37	1.27	1.22	1.18	1.18	1.14	1.13	-1.2
韩国	3.82	3.49	3.70	3.33	3.19	3.21	3.20	3.09	3.04	3.01	-0.7
印尼	4.80	4.74	4.89	4.45	3.87	3.66	3.54	3.47	3.46	3.46	-0.9
其他	3.26	5.65	5.84	5.72	5.46	5.26	5.25	5.23	4.99	4.61	1.0
中东	1.15	2.06	2.35	2.47	2.47	2.44	2.45	2.46	2.52	2.84	2.6
非洲	5.53	6.58	6.34	5.95	5.32	5.35	5.35	5.26	5.19	5.16	-0.2
南非	5.00	6.12	5.77	5.76	5.38	5.07	5.04	5.12	5.20	5.00	0.0
埃及	4.71	5.35	4.46	5.58	4.97	5.08	5.15	4.74	4.63	4.49	-0.1
其他	5.83	6.96	6.89	6.07	5.36	5.48	5.46	5.38	5.27	5.31	-0.3
世界	3.82	3.40	2.98	2.92	2.89	2.86	2.84	2.83	2.79	2.77	-0.9
OECD	2.67	2.28	2.06	1.92	1.81	1.76	1.74	1.73	1.69	1.65	-1.4
非OECD	8.10	6.73	5.46	5.20	4.76	4.72	4.65	4.57	4.51	4.51	-1.7

数据来源：国际能源署、世界银行、英国石油公司、国网能源研究院有限公司。

全球能源强度在2000年后降幅缩窄。1980—2015年，能源强度从3.8吨标准煤/万美元降至2.8吨标准煤/万美元，年均下降0.9%；1980—2000年、2000—2015年年均分别下降1.2%、0.5%。

非洲和亚太能源强度明显高于世界平均水平。2015年，非洲和亚太能源强度分别是世界平均水平的1.9倍和1.4倍，北美和欧洲能源强度约为世界平均水平的70%。

中国能源强度远高于发达国家。2015年，中国能源强度为5.31吨标准煤/万美元，较OECD国家水平（1.65吨标准煤/万美元）高2.2倍。

2.2 终端能源消费

（一）分地区终端能源消费

表1-9 1980—2015年分地区终端能源消费总量

单位：亿吨标准煤

地区＼年份	1980	1990	2000	2005	2010	2011	2012	2013	2014	2015[e]	结构（%）		增速（%）
											1980	2015	1980—2015
北美	21.9	22.0	26.2	26.6	26.0	25.9	25.5	26.1	26.5	26.5	28.5	19.6	0.5
美国	18.7	18.5	22.1	22.3	21.6	21.4	21.0	21.6	22.0	22.1	24.3	16.3	0.5
加拿大	2.2	2.3	2.7	2.8	2.7	2.8	2.8	2.8	2.9	2.8	2.9	2.0	0.7
墨西哥	0.9	1.2	1.4	1.5	1.7	1.7	1.7	1.7	1.7	1.6	1.2	1.2	1.7
中南美	3.2	3.7	5.0	5.6	6.6	6.8	7.0	7.0	7.1	7.1	4.2	5.3	2.3
巴西	1.4	1.6	2.2	2.5	3.0	3.1	3.2	3.3	3.3	3.2	1.8	2.4	2.4
阿根廷	0.4	0.4	0.7	0.7	0.8	0.8	0.8	0.9	0.9	0.9	0.5	0.7	2.3
其他	1.4	1.7	2.2	2.4	2.8	2.8	2.9	2.9	2.9	3.0	1.8	2.2	2.2
欧洲	27.9	31.4	26.8	28.1	28.4	28.0	27.8	27.7	26.9	26.5	36.3	19.6	-0.1
欧盟	—	16.1	16.8	17.6	17.3	16.4	16.3	16.3	15.6	15.8	—	11.7	—
英国	1.9	2.0	2.2	2.1	2.0	1.8	1.8	1.9	1.8	1.8	2.5	1.3	-0.2
法国	2.0	2.0	2.3	2.4	2.3	2.1	2.2	2.2	2.1	2.1	2.6	1.6	0.1
德国	3.6	3.4	3.3	3.3	3.3	3.1	3.1	3.2	3.1	3.1	4.7	2.3	-0.4
意大利	1.5	1.6	1.8	2.0	1.9	1.8	1.8	1.7	1.7	1.7	2.0	1.3	0.4
西班牙	0.7	0.9	1.2	1.5	1.3	1.3	1.2	1.2	1.1	1.1	0.9	0.8	1.3
俄罗斯	—	8.9	6.0	5.9	6.4	6.6	6.4	6.4	6.5	6.5	—	4.5	—
其他	—	6.3	4.1	4.6	4.8	5.0	5.1	5.0	4.8	4.6	—	3.4	—
亚太	17.1	23.5	30.5	37.6	47.3	49.3	50.9	52.6	54.1	54.6	22.3	40.3	3.4
澳大利亚	0.7	0.8	1.0	1.0	1.1	1.1	1.1	1.2	1.2	1.2	0.9	0.9	1.6
中国①	7.1	9.5	11.7	16.6	23.7	25.4	26.3	27.4	28.4	28.7	9.2	21.2	4.1
中国②	4.8	7.5	10.6	19.3	26.0	28.8	29.8	30.8	31.4	31.7	6.3	—	5.5
印度	2.5	3.5	4.5	5.2	6.9	7.2	7.4	7.6	7.9	8.2	3.3	6.1	3.5
日本	3.3	4.3	4.9	4.9	4.4	4.3	4.3	4.3	4.2	4.1	4.3	3.0	0.6
韩国	0.4	0.9	1.8	2.0	2.3	2.3	2.4	2.4	2.4	2.4	0.5	1.8	5.3
印尼	0.7	1.1	1.7	1.9	2.1	2.1	2.2	2.3	2.4	2.3	0.9	1.7	3.5
其他	2.4	3.4	4.9	5.9	6.8	6.9	7.1	7.4	7.6	7.6	3.1	5.6	3.3
中东	1.1	2.1	3.5	4.5	5.9	6.1	6.4	6.5	6.8	7.2	1.4	5.3	5.5
非洲	3.1	4.2	5.3	6.2	7.3	7.4	7.6	7.8	8.0	8.2	4.0	6.0	2.8
南非	0.6	0.7	0.8	0.9	1.0	1.0	1.0	1.1	1.1	1.1	0.8	0.8	1.7
埃及	0.2	0.3	0.4	0.6	0.8	0.8	0.8	0.7	0.7	0.7	0.3	0.5	3.6
其他	2.3	3.1	4.0	4.7	5.5	5.7	5.8	6.0	6.2	6.4	3.0	4.7	3.0
国际航空	1.0	1.2	1.7	2.0	2.2	2.3	2.3	2.3	2.4	2.5	1.3	1.8	2.7
国际水运	1.6	1.7	2.2	2.6	3.0	3.0	2.7	2.7	2.8	2.8	2.1	2.1	1.6
世界	76.8	89.7	101.2	113.3	126.7	128.8	130.2	132.9	134.6	135.4	100.0	100.0	1.6
OECD	42.0	44.4	52.0	53.7	52.7	51.8	51.5	52.2	51.8	52.7	54.7	38.9	0.7
非OECD	32.2	42.5	45.3	55.0	68.8	71.8	73.7	75.6	77.6	77.4	41.9	57.2	2.5

数据来源：国际能源署、英国石油公司、中国国家统计局、国网能源研究院有限公司。

注 中国①原始数据主要来源于国际能源署，中国②数据主要来源于中国国家统计局，数据差异主要来自对生物质能等的统计。

全球终端能源消费增速略低于一次能源。1980—2015年，终端能源消费由76.8亿吨标准煤增至135.4亿吨标准煤，年均增速（1.6%）较一次能源消费增速低0.3个百分点。

亚太自1995年以来一直是全球终端能源消费最多的地区。亚太终端能源消费分别于1989年、1995年超过欧洲、北美，居全球首位，2015年亚太终端能源消费达54.6亿吨标准煤，占全球的40.3%。

全球终端能源消费超过1/3的增量来自中国。1980—2015年，中国终端能源消费由7.1亿吨标准煤增至28.7亿吨标准煤，年均增长4.1%，对全球终端能源消费增量的贡献达36.9%；其中2000—2015年年均增长6.2%，贡献率达49.7%。

（二）分品种终端能源消费结构

表1-10　2000年和2005年分品种终端能源消费结构

单位：%

品种 地区	2000年					2005年				
	煤炭	石油	天然气	电力	热力及其他	煤炭	石油	天然气	电力	热力及其他
北美	2.0	51.0	23.2	19.4	4.3	2.0	53.7	19.5	20.4	4.3
美国	2.1	51.3	23.3	19.5	3.8	2.0	54.0	19.6	20.6	3.8
加拿大	1.9	42.5	28.2	21.9	5.6	2.0	45.7	23.5	22.1	6.7
墨西哥	1.5	62.7	13.2	14.2	8.4	1.3	65.4	10.5	15.3	7.4
中南美	2.8	51.0	11.6	15.9	18.7	2.4	47.0	14.7	16.7	19.3
巴西	3.7	52.2	3.2	18.0	22.9	3.2	46.0	5.6	18.1	27.1
阿根廷	0.8	46.9	33.0	13.7	5.5	0.8	44.1	36.8	15.3	3.0
其他	2.4	51.1	13.6	14.3	18.6	2.1	48.9	17.2	15.7	16.1
欧洲	5.3	38.0	25.0	17.0	14.7	4.6	37.5	25.8	17.9	14.1
欧盟	4.4	45.9	23.2	18.5	8.0	3.6	44.9	23.3	19.4	8.8
英国	2.9	41.5	34.8	18.8	2.0	2.0	42.5	33.9	20.2	1.3
法国	2.7	49.7	19.7	20.3	7.6	2.4	47.5	20.5	21.5	8.1
德国	3.9	49.3	23.8	18.0	5.0	3.0	45.1	23.9	19.5	8.6
意大利	2.1	48.4	29.9	18.2	1.4	1.9	45.8	30.0	18.7	3.7
西班牙	1.6	61.0	14.4	19.0	4.1	1.4	56.7	17.8	20.4	3.7
俄罗斯	4.3	21.7	28.0	12.5	33.5	3.2	22.3	31.1	13.6	29.8
其他	10.1	29.4	27.9	17.5	15.1	10.4	29.0	28.6	17.9	14.1
亚太	19.3	37.0	4.8	14.0	24.8	22.0	34.8	5.6	16.0	21.5
澳大利亚	6.0	49.9	16.4	21.4	6.4	5.4	50.7	17.0	22.5	4.4
中国	37.3	22.1	1.5	10.9	28.1	38.1	23.3	2.4	14.7	21.4
印度	11.0	29.9	3.1	10.3	45.8	12.8	29.2	3.7	11.7	42.7
日本	7.4	60.8	6.8	23.8	1.2	8.1	57.9	8.4	24.5	1.2
韩国	7.1	62.8	8.6	17.8	3.6	5.5	56.7	11.4	21.9	4.5
印尼	3.8	40.4	9.5	5.6	40.6	6.2	39.7	10.1	6.9	37.1
其他	9.0	41.8	7.1	15.1	26.9	10.1	41.3	8.3	16.3	24.0
中东	0.2	59.8	27.8	12.0	0.2	0.3	58.9	28.0	12.6	0.3
非洲	5.0	24.1	3.8	8.4	58.7	4.7	24.4	5.6	9.1	56.2
南非	28.4	28.4	0.0	26.7	16.5	29.3	29.4	0.0	25.8	15.5
埃及	1.3	64.3	12.6	17.6	4.2	1.0	55.2	21.6	18.8	3.4
其他	0.8	18.8	3.5	3.7	73.1	0.4	19.6	4.6	4.5	70.9
世界	8.2	44.1	15.8	15.4	16.5	9.3	43.6	15.0	16.4	15.7
OECD	3.8	50.8	20.5	19.7	5.2	3.5	51.1	19.0	20.8	5.6
非OECD	13.8	31.7	11.8	11.8	30.8	15.8	31.5	12.3	13.5	26.9

数据来源：国际能源署、英国石油公司、中国国家统计局、国网能源研究院有限公司。

石油占终端能源消费比重下降，电力占比显著提高。2000—2015年，全球石油占终端能源消费的比重下降3.8个百分点，电能占比上升3.6个百分点。

发达国家油气占终端能源消费的比重接近70%。2015年，OECD国家油气占终端能源消费总量的比重达67.4%，比非OECD国家（44.9%）高22.5个百分点。

表1-11　2010年和2015年分品种终端能源消费结构

单位：%

地区＼品种	2010年					2015年[e]				
	煤炭	石油	天然气	电力	热力及其他	煤炭	石油	天然气	电力	热力及其他
北美	1.9	50.9	20.7	21.2	5.3	1.2	49.2	23.4	21.7	4.5
美国	1.8	50.3	21.3	21.5	5.1	1.1	48.7	24.1	21.9	4.1
加拿大	1.7	47.6	22.5	22.0	6.2	1.4	45.2	25.8	21.1	6.5
墨西哥	3.4	63.6	11.0	15.8	6.1	1.7	62.9	10.4	19.7	5.3
中南美	2.4	46.6	14.4	17.0	19.7	2.0	47.5	13.3	18.5	18.7
巴西	3.5	44.5	6.1	17.9	28.1	2.9	46.2	5.9	19.5	25.4
阿根廷	0.7	43.4	35.5	17.1	3.3	0.6	43.0	35.2	19.0	2.3
其他	1.6	49.7	17.4	16.0	15.3	1.5	50.2	14.7	17.1	16.5
欧洲	4.8	35.8	25.7	18.6	15.1	3.8	37.5	25.2	20.4	13.1
欧盟	3.4	41.9	23.1	20.2	11.4	2.8	42.1	22.6	22.2	10.2
英国	2.1	40.1	34.3	20.5	3.0	1.6	43.3	30.8	21.9	2.4
法国	2.1	44.3	20.4	23.7	9.4	1.8	44.4	20.8	25.4	7.5
德国	3.1	41.4	24.6	20.0	10.9	2.7	42.0	24.5	21.5	9.3
意大利	1.4	40.7	29.2	19.2	9.4	1.1	41.6	28.6	21.1	7.6
西班牙	1.1	54.2	16.1	22.8	5.8	1.0	49.5	19.9	26.2	3.4
俄罗斯	3.2	24.6	32.1	14.0	26.2	2.3	30.0	30.6	15.5	21.6
其他	12.1	29.1	26.6	18.9	13.3	8.9	31.4	26.8	20.7	12.1
亚太	25.6	31.4	6.3	18.1	18.6	21.2	32.0	7.3	20.5	19.0
澳大利亚	3.4	50.6	16.3	23.5	6.2	2.8	53.4	16.2	23.1	4.5
中国	39.8	22.3	3.5	17.9	16.5	31.0	23.8	5.6	21.3	18.3
印度	18.8	27.9	5.7	13.0	34.6	17.9	29.2	5.1	15.8	32.0
日本	7.6	52.9	9.7	28.4	1.3	7.3	52.4	10.3	29.3	0.7
韩国	6.1	51.9	13.1	24.5	4.5	5.5	53.1	12.1	25.5	3.8
印尼	5.4	41.0	10.6	8.5	34.4	4.0	39.2	10.3	11.1	35.4
其他	11.0	39.9	9.3	17.3	22.5	8.5	42.6	10.4	19.0	19.5
中东	0.3	50.2	35.2	14.0	0.2	0.4	46.4	37.1	16.1	0.1
非洲	3.5	26.8	5.4	9.2	55.1	3.1	26.1	6.4	10.5	53.9
南非	24.1	33.4	1.2	25.6	15.8	21.5	35.5	2.3	23.5	17.1
埃及	0.4	55.7	20.6	20.3	3.0	0.3	48.4	24.1	26.0	1.2
其他	0.3	21.6	4.1	4.7	69.2	0.3	22.0	5.0	6.6	66.2
世界	11.4	40.6	15.1	17.4	15.6	9.8	40.3	15.5	19.0	15.4
OECD	3.4	48.0	19.7	21.9	6.9	2.5	46.8	20.6	22.6	7.5
非OECD	18.3	30.4	12.7	15.2	23.4	15.5	31.8	13.1	17.8	21.8

数据来源：国际能源署、英国石油公司、中国国家统计局、国网能源研究院有限公司。

亚太地区煤炭消费占终端能源的比重远高于世界平均水平。2015年，亚太地区煤炭消费占终端能源的比重为21.2%，高于世界平均水平11.4个百分点。

中国煤炭占终端能源消费的比重明显高于其他主要国家。2015年，中国煤炭占终端能源消费的比重为31.0%，较美国、日本分别高29.9、23.7个百分点。

（三）分部门终端能源消费结构

表1-12 2000年和2005年分部门终端能源消费结构

单位：%

地区＼部门	2000年					2005年				
	工业	交通	居民	商业及其他	非能利用	工业	交通	居民	商业及其他	非能利用
北美	22.6	36.9	17.1	13.4	10.0	18.9	38.8	17.4	14.9	10.1
美国	21.5	38.0	17.1	13.5	9.9	17.6	39.9	17.4	15.1	10.0
加拿大	29.0	27.5	16.3	16.5	10.6	26.0	27.9	17.2	17.0	11.9
墨西哥	28.4	36.8	18.4	6.4	10.0	25.6	42.2	16.8	7.1	8.2
中南美	34.1	29.9	18.3	9.0	8.8	34.6	29.8	17.6	9.3	8.7
巴西	36.6	30.9	13.5	10.1	8.9	39.2	30.6	12.7	10.1	7.5
阿根廷	31.2	29.3	19.7	10.8	9.0	30.8	27.5	19.3	13.1	9.3
其他	32.4	29.0	22.7	7.2	8.6	31.2	29.7	22.1	7.3	9.7
欧洲	28.2	22.7	27.3	13.2	8.6	27.1	23.7	25.6	14.2	9.3
欧盟	26.2	25.8	24.6	13.9	9.4	24.7	26.3	24.7	14.9	9.4
英国	22.7	27.8	28.5	13.5	7.5	20.8	28.8	29.7	13.2	7.5
法国	20.9	27.6	25.0	16.3	10.3	18.5	26.4	25.6	19.6	9.9
德国	22.2	25.7	28.1	13.1	10.8	23.5	23.8	27.5	14.5	10.7
意大利	29.7	30.8	21.4	11.5	6.5	27.7	30.2	22.6	13.4	6.2
西班牙	28.8	35.3	14.0	10.8	11.0	29.8	35.8	14.8	11.4	8.2
俄罗斯	30.6	17.8	33.6	9.3	8.7	29.9	21.5	26.8	11.1	10.7
其他	32.8	16.9	29.1	16.0	5.1	32.7	17.0	27.3	15.8	7.3
亚太	32.9	16.8	30.6	10.4	9.3	36.1	16.3	27.5	10.5	9.6
澳大利亚	34.2	36.9	13.0	9.6	6.4	31.0	37.5	12.8	11.8	6.9
中国	40.3	10.8	34.6	6.7	7.6	45.6	11.7	27.6	7.4	7.7
印度	26.5	10.1	44.8	10.1	8.5	28.0	10.7	42.7	10.5	8.1
日本	28.2	25.8	14.2	19.7	12.1	27.4	24.6	14.6	21.2	12.2
韩国	30.3	20.7	11.8	17.5	19.7	27.8	20.8	13.1	16.7	21.6
印尼	25.3	18.0	43.6	5.0	8.1	26.4	18.6	41.6	5.2	8.2
其他	29.3	22.4	30.1	10.0	8.2	30.4	21.5	27.6	9.9	10.7
中东	29.4	29.1	19.3	9.6	12.6	27.1	30.0	20.5	9.2	13.3
非洲	15.6	14.6	59.6	6.1	4.1	16.4	15.4	58.3	6.4	3.5
南非	36.5	22.0	21.4	10.0	10.1	39.3	23.3	24.0	9.9	3.6
埃及	31.3	30.4	21.2	6.9	10.2	32.8	24.2	19.5	11.1	12.4
其他	9.7	11.4	71.5	5.2	2.3	9.8	12.7	69.9	5.1	2.4
世界	26.8	27.7	25.6	11.2	8.7	26.8	28.0	24.4	11.7	9.0
OECD	25.0	31.5	19.1	14.2	10.2	22.4	32.3	19.4	15.5	10.3
非OECD	31.1	17.2	35.2	8.7	7.8	33.4	17.8	31.4	9.0	8.5

数据来源：国际能源署、英国石油公司、中国国家统计局、国网能源研究院有限公司。

全球终端能源消费增量主要来自交通、工业。2000—2015年，全球交通、工业部门占终端能源消费总量的比重维持在55%左右；两部门对终端能源消费增量的贡献达61.7%。

交通取代工业成为第一大能源消费部门。2000—2015年，全球交通占终端能源消费比重由27.7%上升至28.5%；2015年，交通占终端能源消费比重超过工业0.7个百分点。

发达国家工业能源消费比重下降。2000—2015年，全球工业能源消费占终端能源消费比重上升1.0个百分点；北美和欧洲工业能源消费占终端能源消费的比重分别下降4.8、4.4个百分点。近年来，中国、印度工业能源消费比重也出现下降趋势。

表1-13　2010年和2015年分部门终端能源消费结构

单位：%

地区＼部门	2010年					2015年[e]				
	工业	交通	居民	商业及其他	非能利用	工业	交通	居民	商业及其他	非能利用
北美	19.0	38.8	17.6	15.5	9.1	17.8	40.3	18.4	16.0	7.4
美国	17.9	39.4	17.9	16.0	8.9	16.3	40.9	18.5	17.1	7.2
加拿大	22.7	31.0	17.1	16.9	12.2	24.0	32.9	19.1	13.8	10.2
墨西哥	27.9	43.6	15.2	7.0	6.3	27.5	45.1	15.9	5.7	5.8
中南美	34.7	31.3	16.4	9.6	7.9	30.6	35.9	16.4	10.8	6.3
巴西	37.8	33.2	11.2	9.8	8.0	33.8	40.4	11.4	8.0	6.4
阿根廷	28.8	27.7	22.1	13.2	8.1	26.2	28.7	23.6	14.7	6.8
其他	33.1	30.3	20.4	8.5	7.7	28.6	33.2	19.7	12.5	6.0
欧洲	24.9	24.1	26.2	15.0	9.8	23.8	25.3	25.0	15.8	10.0
欧盟	22.3	26.5	26.2	16.1	8.9	21.4	27.6	23.3	19.1	8.7
英国	18.3	29.2	32.8	14.1	5.6	17.2	32.1	27.3	18.2	5.2
法国	16.5	27.1	26.7	20.9	8.8	16.2	29.2	24.7	20.7	9.1
德国	24.2	23.2	27.3	15.5	9.9	23.6	25.6	23.0	18.1	9.7
意大利	22.5	28.8	26.5	15.0	7.1	18.7	30.2	23.8	21.1	6.3
西班牙	22.7	36.7	18.3	14.6	7.6	22.3	33.9	18.3	21.5	4.0
俄罗斯	28.3	21.6	25.0	10.3	14.9	27.8	22.0	27.7	5.1	17.4
其他	29.6	18.6	27.8	17.3	6.6	26.9	21.9	27.4	18.7	5.1
亚太	40.9	16.1	24.0	9.8	9.2	38.7	18.1	23.8	10.1	9.3
澳大利亚	30.1	38.9	13.3	11.9	5.8	28.8	39.9	13.1	11.9	6.2
中国	51.3	11.9	21.7	7.8	7.2	47.7	14.5	21.4	8.3	8.1
印度	33.1	13.4	35.6	10.8	7.1	32.5	14.3	33.9	12.7	6.6
日本	29.7	23.8	16.2	17.4	12.9	28.8	25.1	15.6	19.1	11.4
韩国	28.5	19.0	12.6	15.6	24.3	27.7	19.0	11.3	15.1	26.8
印尼	27.5	22.9	37.3	5.4	6.8	22.4	30.5	41.9	1.1	4.1
其他	29.7	21.6	26.5	9.7	12.4	26.7	24.5	26.5	10.6	11.8
中东	32.4	27.8	18.4	8.4	12.9	29.6	28.4	17.0	11.4	13.6
非洲	16.4	17.0	56.1	6.6	3.9	14.2	17.2	58.4	6.7	3.4
南非	38.4	24.0	21.8	9.3	6.4	35.0	24.6	23.9	10.6	5.9
埃及	27.2	28.1	20.9	11.2	12.7	23.5	24.5	24.0	15.6	12.4
其他	11.1	14.2	66.9	5.5	2.3	9.7	15.2	68.2	5.0	1.9
世界	29.0	27.3	23.4	11.5	8.8	27.8	28.5	23.4	11.9	8.4
OECD	22.0	32.2	20.2	15.8	9.9	20.6	33.3	18.8	18.5	8.8
非OECD	36.6	18.2	27.6	9.1	8.6	34.6	20.3	28.1	8.2	8.7

数据来源：国际能源署、英国石油公司、中国国家统计局、国网能源研究院有限公司。

OECD国家商业能源消费占比上升显著，非OECD国家工业和交通能源消费占比上升较大。2000—2015年，OECD国家商业能源消费占终端能源消费总量的比重由14.2%上升至18.5%；非OECD国家工业、交通能源消费占终端能源消费总量的比重分别由31.1%、17.2%上升至34.6%、20.3%。

发展中国家工业能源消费占比普遍高于30%。2015年，美国、德国、英国、法国等发达国家工业能源消费占终端能源消费总量的比重在15%～25%之间；中国、印度、巴西、南非四个金砖国家工业能源消费占终端能源消费总量的比重均在30%以上，中国工业能源消费占比高达48%。

3 能源供应

3.1 能源资源

表1-14 2015年世界煤炭储量及可采年限

国家	探明储量（亿吨）	结构（%）	可采年限（年）
储量前十大国家	8120	91.1	—
美国	2373	26.6	292
俄罗斯	1570	17.6	421
中国	1145	12.8	31
澳大利亚	764	8.6	158
印度	606	6.8	89
德国	405	4.5	220
乌克兰	339	3.8	881
哈萨克斯坦	336	3.8	316
南非	302	3.4	120
印尼	280	3.1	71
其他国家	795	8.9	—
世界	8915	100.0	113

数据来源：英国石油公司。

表1-15 2015年世界石油储量及可采年限

国家	探明储量（亿吨）	结构（%）	可采年限（年）
储量前十大国家	2063	86.2	—
委内瑞拉	470	19.6	347
沙特阿拉伯	366	15.3	64
加拿大	278	11.6	129
伊朗	217	9.1	119
伊拉克	193	8.1	98
俄罗斯	140	5.9	26
科威特	140	5.8	94
阿联酋	130	5.4	74
美国	66	2.8	12
利比亚	63	2.6	312
其他国家	331	13.8	—
中国	25	1.1	12
世界	2398	100.0	57

数据来源：英国石油公司。

表1-16 2015年世界天然气储量及可采年限

国家	探明储量（万亿米^3）	结构（%）	可采年限（年）
储量前十大国家	148	79.4	—
伊朗	34	18.2	177
俄罗斯	32	17.3	56
卡塔尔	25	13.1	135
土库曼斯坦	17	9.4	241
美国	10	5.6	14
沙特阿拉伯	8	4.5	78
阿联酋	6	3.3	109
委内瑞拉	6	3.0	173
尼日利亚	5	2.7	102
阿尔及利亚	5	2.4	54
其他国家	38	20.6	—
中国	4	2.1	28
世界	187	100.0	53

数据来源：英国石油公司。

表1-17 2015年世界铀资源储量及可采年限

国家	储量（万吨）	结构（%）	可采年限（年）
储量前十大国家	500	87.4	—
澳大利亚	166	29.1	294
哈萨克斯坦	75	13.0	31
加拿大	51	8.9	38
俄罗斯	51	8.9	166
南非	32	5.6	820
尼日尔	29	5.1	71
巴西	28	4.8	6920
中国	27	4.8	169
纳米比亚	27	4.7	89
蒙古	14	2.5	—
其他国家	72	12.6	—
世界	572	100.0	95

数据来源：世界核能协会。

全球煤炭可采年限在100年以上，超过55%的煤炭资源分布在美国、俄罗斯和中国。

全球油气资源相对不足，可采年限不足60年，40%以上的资源分布在中东地区。

四成以上铀资源分布在澳大利亚和哈萨克斯坦，可采年限分别为294、31年。

3.2 生产贸易

（一）一次能源生产总量

表1-18 1980—2015年分地区一次能源生产总量

单位：亿吨标准煤

年份 地区	1980	1990	2000	2005	2010	2011	2012	2013	2014	2015^e	结构（%）		增速（%）
											1980	2015	1980—2015
北美	26.9	29.6	31.3	31.9	32.3	33.5	34.1	35.1	37.0	37.3	25.5	18.6	0.9
美国	21.7	22.9	22.9	22.5	23.8	24.8	25.1	25.9	27.6	28.0	20.6	13.9	0.7
加拿大	3.2	4.1	5.5	6.0	5.6	5.8	5.9	6.2	6.5	6.6	3.0	3.3	2.1
墨西哥	2.0	2.6	3.0	3.4	2.9	3.0	3.0	3.0	2.9	2.7	1.9	1.3	0.9
中南美	5.0	6.7	9.7	11.1	12.2	12.6	12.7	12.7	12.9	13.1	4.7	6.5	2.8
巴西	1.2	1.9	2.7	3.4	4.3	4.4	4.3	4.3	4.5	4.6	1.1	2.3	3.9
阿根廷	0.6	0.7	1.2	1.2	1.1	1.1	1.1	1.0	1.1	0.2	0.6	0.1	-3.1
其他	3.3	4.1	5.8	6.5	6.8	7.2	7.3	7.3	7.3	8.2	3.1	4.1	2.6
欧洲	33.7	40.5	36.3	39.6	41.1	41.1	41.5	42.0	41.1	41.4	32.0	20.6	0.6
欧盟	—	13.6	13.6	13.0	12.6	12.1	12.2	12.2	12.0	12.1	—	6.0	—
英国	2.8	2.9	3.7	2.8	2.1	1.8	1.7	1.6	1.6	1.8	2.7	0.9	-1.3
法国	0.8	1.5	1.8	1.8	1.9	1.8	1.9	1.9	1.9	1.9	0.8	1.0	2.5
德国	2.6	2.6	1.9	2.0	1.9	1.9	1.9	1.9	1.9	1.9	2.5	1.0	-0.9
意大利	0.4	0.4	0.5	0.4	0.6	0.6	0.6	0.7	0.7	0.5	0.4	0.3	0.6
西班牙	0.3	0.5	0.5	0.5	0.7	0.6	0.6	0.7	0.7	0.6	0.3	0.3	2.0
俄罗斯	—	18.6	14.1	17.2	18.2	18.5	18.7	19.1	18.6	19.4	—	9.6	—
其他	—	8.2	8.6	9.4	10.2	10.4	10.6	10.7	10.5	9.9	—	4.9	—
亚太	17.9	26.8	35.2	46.9	60.8	63.2	64.2	66.4	67.9	68.3	17.0	34.0	3.9
澳大利亚	1.2	2.2	3.2	3.8	4.6	4.5	4.6	5.0	5.3	5.1	1.1	2.6	4.2
中国	8.9	12.8	16.6	25.1	34.6	36.8	37.5	38.7	39.5	39.8	8.5	19.8	4.4
印度	2.7	4.1	5.1	5.9	7.3	7.5	7.7	7.8	8.0	8.4	2.6	4.2	3.3
日本	0.7	1.1	1.5	1.4	1.4	0.8	0.5	0.6	0.6	0.7	0.7	0.3	0.0
韩国	0.1	0.3	0.4	0.5	0.6	0.6	0.6	0.6	0.6	0.7	0.1	0.3	5.7
印尼	1.8	2.4	3.4	4.0	5.4	5.9	6.2	6.5	6.4	6.0	1.7	3.0	3.5
其他	2.4	3.7	5.0	6.2	6.9	7.0	7.1	7.4	7.5	7.7	2.3	3.8	3.4
中东	14.0	12.9	18.0	20.3	21.2	23.0	23.2	23.5	23.7	24.8	13.3	12.3	1.6
非洲	7.8	9.5	12.2	15.1	16.4	15.5	16.3	15.9	15.9	16.1	7.4	8.0	2.1
南非	1.0	1.6	2.1	2.2	2.3	2.3	2.4	2.4	2.4	2.3	0.9	1.2	2.4
埃及	0.5	0.8	0.8	1.1	1.2	1.2	1.2	1.2	1.2	0.1	0.5	0.0	-4.5
其他	6.2	7.1	9.4	11.7	12.9	12.0	12.8	12.4	12.3	13.7	5.9	6.8	2.3
世界	105.3	126.0	142.7	164.9	184.0	188.9	192.0	195.5	198.4	201.0	100.0	100.0	1.9
OECD	42.1	49.0	54.0	54.3	55.2	55.2	55.7	57.1	59.1	59.7	40.0	29.7	1.0
非OECD	63.3	77.1	88.7	110.6	128.8	133.8	136.3	138.4	139.3	141.3	60.1	70.3	2.3

数据来源：国际能源署、英国石油公司、中国国家统计局、国网能源研究院有限公司。

全球能源产量持续增长。1980—2015年，全球一次能源生产量由105亿吨标准煤增至201亿吨标准煤，年均增长1.9%，其中2000—2015年年均增长2.3%。

全球能源生产增量的一半以上来自亚太。1980—2015年，亚太地区一次能源产量由17.9亿吨标准煤增至68.3亿吨标准煤，年均增长3.9%，对全球增长的贡献率达52.7%；其中2000—2015年年均增长4.5%，对全球增长的贡献率达56.8%。

中国能源产量接近欧洲。2015年，中国一次能源产量39.8亿吨标准煤，位居世界首位，接近整个欧洲的能源产量（41.4亿吨标准煤）。

（二）分品种一次能源生产结构

表1-19　2000年和2005年分品种一次能源生产结构

单位：%

品种 地区	2000年						2005年					
	煤炭	石油	天然气	水能	核能	非水可再生能源	煤炭	石油	天然气	水能	核能	非水可再生能源
北美	26.3	24.9	28.4	6.7	9.1	4.7	27.0	25.1	27.2	6.7	9.3	4.8
美国	33.6	18.6	27.9	3.6	11.3	5.1	35.9	16.7	26.7	3.9	11.6	5.1
加拿大	9.0	23.5	38.8	21.2	4.3	3.1	7.7	27.3	36.8	19.6	5.0	3.6
墨西哥	2.6	75.2	12.7	3.6	0.9	5.1	2.2	76.5	12.9	2.6	1.0	4.7
中南美	5.0	51.5	12.8	18.4	0.4	11.9	6.0	48.1	14.8	18.1	0.5	12.6
巴西	1.4	33.7	3.2	36.4	0.7	24.6	1.0	35.4	3.9	32.1	0.9	26.6
阿根廷	0.2	46.6	40.4	7.7	1.6	3.5	0.0	39.7	46.7	9.0	1.8	2.7
其他	7.7	60.9	11.4	12.2	0.0	7.8	9.7	56.3	14.6	12.4	0.0	7.1
欧洲	17.3	28.1	33.0	7.3	10.5	3.8	16.2	29.2	33.2	6.5	10.3	4.6
欧盟	22.2	17.3	21.9	8.5	22.4	7.7	21.2	13.6	20.9	7.8	24.8	11.6
英国	7.1	46.8	37.4	0.4	7.4	0.8	6.1	40.9	40.6	0.6	9.5	2.3
法国	2.0	1.1	1.2	12.0	74.9	8.8	0.3	0.8	0.7	9.0	79.3	9.8
德国	45.6	2.4	11.9	3.7	28.8	7.6	41.2	2.6	10.5	3.2	26.9	15.6
意大利	0.0	14.2	42.6	31.3	0.0	11.9	0.2	20.0	32.3	26.7	0.0	20.9
西班牙	23.4	0.7	0.4	18.8	41.3	15.4	18.6	0.5	0.4	12.3	38.6	29.6
俄罗斯	13.0	31.7	47.7	3.8	3.1	0.7	13.1	37.5	42.8	3.2	2.8	0.6
其他	16.3	39.5	26.4	11.3	4.0	2.5	15.1	35.6	32.5	10.6	3.9	2.2
亚太	44.5	14.7	9.8	4.8	4.6	21.6	53.1	11.4	9.5	5.1	3.9	17.1
澳大利亚	72.5	11.0	12.6	1.6	0.0	2.3	76.2	8.7	11.8	1.3	0.0	2.0
中国	61.6	14.1	2.0	4.3	0.3	17.7	69.6	10.3	2.4	5.1	0.7	11.9
印度	36.7	9.3	6.5	4.7	1.1	41.8	39.8	7.9	6.3	5.9	0.9	39.1
日本	1.5	0.3	2.2	18.9	69.6	7.5	0.0	0.3	2.9	17.5	69.7	9.5
韩国	11.9	0.0	0.0	3.0	80.5	4.7	3.3	0.1	1.2	2.2	87.4	5.8
印尼	19.4	29.9	26.1	1.0	0.0	23.7	35.5	18.9	23.7	0.9	0.0	21.1
其他	10.1	20.3	29.7	6.9	2.6	30.4	12.9	19.1	33.0	6.5	2.2	26.2
中东	0.1	86.5	13.2	0.1	0.0	0.0	0.1	81.6	17.8	0.4	0.0	0.1
非洲	15.3	41.0	12.2	2.0	0.3	29.1	13.4	42.6	14.8	1.9	0.2	27.0
南非	87.6	0.5	1.0	0.2	2.0	8.7	88.0	0.4	1.1	0.2	1.6	8.7
埃及	0.1	65.1	26.6	5.7	0.0	2.5	0.0	40.2	54.2	3.6	0.0	2.0
其他	0.6	48.0	13.5	2.1	0.0	35.8	0.4	51.0	13.6	2.1	0.0	32.9
世界	22.8	34.2	20.6	5.9	5.9	10.6	25.9	32.3	20.5	5.7	5.4	10.2
OECD	25.5	23.7	23.9	8.0	13.5	5.4	26.4	21.8	23.7	7.7	14.0	6.3
非OECD	21.1	40.5	18.6	4.7	1.3	13.8	25.6	37.4	18.9	4.8	1.2	12.1

数据来源：国际能源署、英国石油公司、中国国家统计局、国网能源研究院有限公司。

非水可再生能源占一次能源生产的比重快速上升。2000—2015年，全球非水可再生能源占一次能源生产总量的比重由10.6%增至12.7%，提高2.1个百分点。

石油占一次能源生产的比重下降。2000—2015年，石油占比下降5.9个百分点，煤炭和天然气分别上升4.3、0.7个百分点。

表1-20　2010年和2015年分品种一次能源生产结构

单位：%

品种 地区	2010年						2015年[e]					
	煤炭	石油	天然气	水能	核能	非水可再生能源	煤炭	石油	天然气	水能	核能	非水可再生能源
北美	25.4	23.3	29.6	6.5	9.4	5.9	18.1	29.3	31.0	5.9	8.3	7.5
美国	31.9	16.8	29.7	3.6	11.4	6.7	22.2	24.6	32.4	3.0	9.7	8.3
加拿大	8.7	28.2	33.8	20.3	5.2	3.8	6.8	34.0	30.1	19.2	5.2	4.8
墨西哥	3.9	66.6	20.7	4.1	0.6	4.1	4.0	66.8	18.5	3.8	1.4	5.5
中南美	6.2	44.8	15.8	18.4	0.6	14.2	6.7	43.5	16.4	17.5	0.5	15.4
巴西	0.7	35.7	4.2	30.6	1.1	27.6	0.9	38.7	6.0	25.7	1.0	27.7
阿根廷	0.0	39.7	44.9	9.7	2.1	3.5	0.3	0.6	5.4	58.1	9.7	25.9
其他	10.6	51.3	18.3	12.2	0.0	7.6	10.1	47.5	22.6	11.7	0.0	8.1
欧洲	15.5	28.7	32.6	6.8	9.5	6.9	15.0	28.0	31.1	6.9	9.2	9.7
欧盟	18.3	10.6	18.1	9.7	23.6	19.7	16.6	8.8	12.7	9.2	23.1	29.7
英国	7.3	41.2	35.2	0.6	9.6	6.1	4.0	35.5	28.6	1.2	13.0	17.8
法国	0.1	0.7	0.5	10.8	74.0	13.8	0.1	0.7	0.0	9.3	73.4	16.4
德国	34.6	1.9	8.4	3.6	23.9	27.6	30.6	1.5	4.7	3.3	15.4	44.5
意大利	0.2	12.5	16.9	28.4	0.0	42.1	0.1	0.2	2.3	27.2	0.0	70.1
西班牙	7.2	0.3	0.1	20.9	30.7	40.8	2.8	0.0	0.0	14.8	29.9	52.5
俄罗斯	13.0	38.1	42.3	2.9	3.1	0.6	17.9	37.8	37.6	2.9	3.3	0.5
其他	16.4	34.0	33.0	10.3	3.8	2.6	7.7	32.3	41.1	11.8	3.8	3.4
亚太	57.5	9.2	9.6	5.9	3.1	14.8	56.3	8.1	9.7	7.5	2.0	16.4
澳大利亚	76.1	7.1	13.7	0.9	0.0	2.1	75.9	4.2	16.1	1.1	0.0	2.7
中国	71.2	8.4	3.3	6.7	0.7	9.7	66.5	7.7	4.1	9.2	1.4	11.1
印度	41.6	7.5	8.4	5.4	1.2	35.8	45.1	6.4	4.5	4.9	1.5	37.5
日本	0.0	0.3	3.2	18.6	65.4	12.5	0.0	0.0	5.5	44.2	0.0	50.3
韩国	2.4	0.1	1.2	2.1	84.1	10.1	1.7	0.0	0.6	1.0	80.5	16.2
印尼	49.8	12.4	20.0	1.1	0.0	16.8	55.6	9.0	15.6	0.9	0.0	18.9
其他	15.5	16.0	33.5	7.0	2.1	25.9	12.6	15.5	36.5	8.9	1.9	24.6
中东	0.0	73.2	26.4	0.3	0.0	0.1	0.0	71.4	28.1	0.3	0.0	0.1
非洲	12.8	40.9	15.2	2.2	0.2	28.7	13.4	33.3	16.0	2.5	0.2	34.5
南非	88.1	0.2	0.8	0.3	1.7	9.0	87.1	0.1	0.5	0.1	1.4	10.7
埃及	0.0	39.7	54.5	3.5	0.0	2.3	0.0	0.0	0.0	59.1	0.0	40.9
其他	0.3	48.4	14.1	2.4	0.0	34.8	0.9	39.2	18.8	2.6	0.0	38.5
世界	28.4	28.6	21.1	6.0	4.9	11.0	27.1	28.3	21.3	6.5	4.2	12.7
OECD	25.7	19.0	25.1	7.9	13.4	8.9	21.4	22.4	25.8	7.7	10.8	12.0
非OECD	29.6	32.7	19.4	5.2	1.2	11.9	29.6	30.8	19.3	5.9	1.4	13.0

数据来源：国际能源署、中国国家统计局、英国石油公司、国网能源研究院有限公司。

发达国家能源生产结构的清洁化步伐明显快于发展中国家。2015年，OECD国家非化石能源占一次能源产量的比重达到30.5%，较2000年提高约3.6个百分点；非OECD国家达到20.3%，较2000年提高0.5个百分点。

（三）化石能源生产贸易

表1-21 2015年分地区化石能源生产贸易量

地区	煤炭（亿吨）				石油（亿吨）				天然气（亿米^3）			
	产量	进口	出口	净进口	产量	进口	出口	净进口	产量	进口	出口	净进口
北美	8.9	0.3	1.4	-1.1	9.1	3.99	2.44	1.55	9840.2	1343.8	1248.9	94.9
美国	8.1	0.1	1.0	-0.9	5.7	3.66	0.24	3.42	7672.8	769.5	505.1	264.4
加拿大	0.6	0.1	0.4	-0.3	2.2	0.33	1.59	-1.27	1635.3	204.6	743.5	-538.9
墨西哥	0.1	0.1	0.0	0.1	1.3	0.00	0.60	-0.60	532.1	369.6	0.3	369.3
中南美	1.0	0.5	1.1	-0.6	4.0	0.20	1.72	-1.52	1784.6	384.9	405.1	-20.2
巴西	0.1	0.3	0.0	0.3	1.3	0.06	0.27	-0.20	229.1	200.7	0.0	200.7
阿根廷	0.0	0.0	0.0	0.0	0.3	0.00	0.02	-0.02	364.9	118.1	0.6	117.6
其他	0.9	0.2	1.1	-0.9	2.3	0.14	1.44	-1.30	1190.5	66.0	404.5	-338.5
欧洲	11.7	4.3	3.1	1.2	8.5	5.14	3.46	1.68	9898.2	5193.4	4913.0	280.4
欧盟	5.3	3.3	0.7	2.5	0.7	4.49	0.01	4.48	1201.0	4143.7	925.9	3217.7
英国	0.1	0.4	0.0	0.4	0.5	0.41	0.01	0.41	396.5	418.1	136.5	281.6
法国	1.8	0.2	0.0	0.2	—	0.44	0.00	0.44	—	424.9	19.9	405.0
德国	0.5	0.8	0.0	0.7	—	0.76	0.00	0.76	71.9	1040.4	290.1	750.3
意大利	—	0.3	0.0	0.3	0.1	0.48	0.00	0.48	61.6	561.6	2.0	559.5
西班牙	0.0	0.2	0.0	0.2	—	0.52	0.00	0.52	—	282.9	20.5	262.4
俄罗斯	0.4	0.3	2.0	-1.7	5.4	0.01	2.55	-2.54	5733.0	169.2	2075.4	-1906.1
其他	6.0	0.7	0.3	0.3	2.3	0.64	0.90	-0.26	2964.2	880.5	1911.7	-1031.2
亚太	54.4	11.2	10.0	1.2	4.0	10.21	0.50	9.71	5566.6	2997.6	1467.0	1530.5
澳大利亚	4.8	0.0	4.6	-4.6	0.2	0.24	0.09	0.15	670.5	54.3	363.3	-309.0
中国	37.5	2.3	0.1	2.3	2.1	3.36	0.03	3.33	1379.6	597.7	0.0	597.7
印度	6.8	2.8	0.0	2.8	0.4	1.95	0.00	1.95	292.2	149.8	0.0	149.8
日本	0.0	2.5	0.0	2.5	—	1.68	0.00	1.68	—	1180.4	0.0	1180.4
韩国	0.0	1.7	0.0	1.7	—	2.00	0.00	2.00	—	436.9	2.9	434.0
印尼	3.9	0.0	4.1	-4.0	0.4	0.15	0.38	-0.23	750.4	0.0	323.5	-323.5
其他	1.4	1.8	1.2	0.6	—	1.61	0.00	1.61	—	578.4	777.4	-199.0
中东	0.0	0.1	0.0	0.1	14.1	0.08	8.80	-8.72	6179.0	377.9	1543.2	-1165.2
非洲	2.7	0.1	1.0	-0.8	4.0	0.15	2.85	-2.70	2117.9	126.8	847.2	-720.4
南非	2.5	0.0	0.9	-0.9	—	0.08	0.00	0.08	—	50.9	0.0	50.9
埃及	—	0.0	0.0	0.0	0.4	0.01	0.10	-0.08	455.8	0.0	54.1	-54.1
其他	—	0.1	0.1	0.1	—	0.06	0.00	0.06	—	75.9	793.1	-717.2
世界	78.6	16.5	16.5	0.0	43.6	19.77	19.77	0.00	35386.5	10424.4	10424.4	0.0
OECD	19.0	7.7	6.7	1.0	10.9	11.97	3.15	8.81	12931.8	7674.4	3739.7	3934.7
非OECD	59.7	8.8	9.8	-1.0	32.7	7.81	16.62	-8.81	22454.7	2750.0	6684.6	-3934.7

数据来源：英国石油公司、国际能源署、中国国家统计局、中国海关总署、国网能源研究院有限公司。

煤炭产量下降，亚太仍是煤炭生产贸易中心。2015年，全球煤炭产量同比下降4%；60%以上的煤炭产量和进、出口量来自亚太地区，其中中国的产量接近全球的50%，中国、印度和日本的进口量约为全球的46%，印尼和澳大利亚的出口量超过全球的50%。

中东是石油开采重心和最大的输出地，亚太和欧美是主要进口地。2015年，中东石油的产量接近全球的1/3、出口量占全球的40%以上，亚太、欧洲和北美的进口量占全球的95%以上。

北美、俄罗斯和中东是天然气主要产区和出口地，欧洲和亚太是主要进口地。2015年，北美、俄罗斯和中东的天然气产量、出口量分别占全球的62%、47%；欧洲和亚太天然气进口量约占全球的80%。

4 电力消费

4.1 用电量

(一)分地区用电量

表1-22 1980—2015年分地区电力消费量

单位:十亿千瓦·时

地区 \ 年份	1980	1990	2000	2005	2010	2011	2012	2013	2014	2015^{e}	结构(%)		增速(%)
											1980	2015	1980—2015
北美	2615	3471	4558	4808	4893	4921	4866	4917	4949	4896	34.3	22.1	1.8
美国	2241	2924	3857	4050	4143	4127	4069	4110	4137	4123	29.4	18.6	1.8
加拿大	314	448	523	546	519	537	532	553	552	514	4.1	2.3	1.4
墨西哥	60	99	178	212	230	256	264	255	260	259	0.8	1.2	4.3
中南美	274	435	675	789	963	1003	1041	1077	1090	1086	3.6	4.9	4.0
巴西	123	218	332	375	465	480	499	516	531	522	1.6	2.4	4.2
阿根廷	35	43	77	94	117	121	125	125	131	137	0.5	0.6	4.0
其他	116	175	266	320	381	402	418	436	427	427	1.5	1.9	3.8
欧洲	3268	4263	4296	4736	4966	4944	4995	4960	4905	4881	42.9	22.0	1.2
欧盟	—	2465	2842	3121	3162	3100	3105	3073	3003	3038	—	13.7	—
英国	264	307	360	379	358	346	347	347	331	331	3.5	1.5	0.6
法国	244	348	440	484	503	473	483	486	460	469	3.2	2.1	1.9
德国	454	527	546	589	594	585	585	582	570	579	6.0	2.6	0.7
意大利	175	235	302	332	326	327	321	311	304	309	2.3	1.4	1.6
西班牙	99	137	210	267	266	262	261	252	249	254	1.3	1.1	2.7
俄罗斯	—	990	762	828	916	927	948	938	950	940	—	4.2	—
其他	—	808	692	787	888	917	942	949	953	904	—	4.1	—
亚太	1228	2274	3920	5479	7720	8290	8651	9201	9541	9657	16.1	43.6	6.1
澳大利亚	87	146	195	213	236	237	237	236	236	237	1.1	1.1	2.9
中国①	276	580	1254	2324	3938	4433	4694	5122	5358	5409	3.6	24.4	8.9
中国②	301	623	1347	2494	4193	4700	4976	5420	5564	5617	3.9	—	8.7
印度	99	238	416	537	790	871	915	979	1042	1117	1.3	5.0	7.2
日本	551	841	1053	1091	1101	1035	1021	1018	995	970	7.2	4.4	1.6
韩国	35	102	278	376	481	506	517	524	533	530	0.5	2.4	8.1
印尼	7	29	83	113	154	167	182	195	207	211	0.1	1.0	10.2
其他	173	339	642	825	1020	1041	1085	1127	1169	1184	2.3	5.3	5.6
中东	65	185	341	468	678	696	726	766	821	911	0.9	4.1	7.8
非洲	175	284	404	500	589	618	630	644	657	728	2.3	3.3	4.2
南非	101	156	206	222	233	237	231	230	229	226	1.3	1.0	2.3
埃及	17	38	67	95	130	143	146	149	152	155	0.2	0.7	6.5
其他	58	90	130	183	225	238	254	265	275	347	0.8	1.6	5.2
世界	7624	10912	14193	16781	19809	20472	20910	21565	21963	22160	100.0	100.0	3.1
OECD	5260	7143	9215	9947	10280	10220	10189	10219	10171	10141	69.0	45.8	1.9
非OECD	2364	3769	4979	6834	9529	10252	10720	11346	11791	12019	31.0	54.2	4.8

数据来源:国际能源署、英国石油公司、中国国家统计局、国网能源研究院有限公司。

注 中国①原始数据主要来源于国际能源署,中国②数据主要来源于中国国家统计局,差异主要是中国①扣除线损。

全球电力消费增速是一次能源消费增速的1.6倍。1980—2015年,全球电力消费量从7.6万亿千瓦·时增至22.2万亿千瓦·时,年均增长3.1%,高出一次能源消费增速1.2个百分点。

全球电力消费重心从北美、欧洲向亚太转移。1980—2015年,北美、欧洲地区电力消费占全球的比重分别从34.3%、42.9%降至22.1%、22.0%;亚太地区则从16.1%增至43.6%,对全球电力消费增长的贡献率接近60%,电力消费量接近北美和欧洲之和。

2011年中国电力消费跃居全球第一,2013年超过欧洲消费总量,2014年印度超越日本升至全球第三。中国、美国、印度电力消费位居世界前三,2015年中国、美国、印度电力消费量分别为5.4万亿、4.1万亿、1.1万亿千瓦·时,合计占全球总量的近一半。

（二）人均用电量

表1-23　1980—2015年分地区人均用电量

单位：千瓦·时

地区＼年份	1980	1990	2000	2005	2010	2011	2012	2013	2014	2015[e]	增速（%）1980—2015
北美	8085	9481	10947	10974	10577	10532	10315	10328	10302	10101	0.6
美国	9761	11564	13636	13676	13371	13212	12926	12960	12951	12814	0.8
加拿大	12804	16184	17028	16942	15216	15572	15269	15685	15523	14292	0.3
墨西哥	867	1162	1732	1928	1942	2131	2165	2059	2071	2042	2.5
中南美	925	1205	1591	1737	2002	2063	2118	2168	2170	2142	2.4
巴西	1004	1447	1887	1991	2339	2394	2463	2528	2578	2511	2.7
阿根廷	1234	1299	2078	2393	2847	2901	2975	2944	3053	3166	2.7
其他	799	982	1260	1412	1580	1648	1690	1742	1689	1668	2.1
欧洲	4117	5062	4988	5434	5600	5555	5592	5534	5455	5412	0.8
欧盟	—	6398	7350	8008	8044	7892	7919	7855	7693	7797	—
英国	4692	5369	6117	6291	5705	5480	5460	5424	5152	5109	0.2
法国	4513	6104	7410	7895	7989	7470	7606	7616	7177	7279	1.4
德国	5807	6680	6661	7246	7385	7268	7265	7225	7065	7176	0.6
意大利	3110	4124	5281	5664	5465	5487	5380	5199	5086	5167	1.5
西班牙	2629	3507	5145	6083	5703	5603	5590	5429	5382	5506	2.1
俄罗斯	—	6706	5205	5766	6396	6474	6613	6546	6621	6550	—
其他	—	2613	2110	2328	2534	2589	2634	2623	2608	2450	—
亚太	503	769	1145	1510	2021	2148	2219	2337	2400	2406	4.6
澳大利亚	5909	8511	10218	10521	10663	10532	10327	10158	10009	9880	1.5
中国[①]	283	502	987	1780	2936	3288	3463	3759	3912	3931	7.8
中国[②]	308	539	1061	1910	3127	3487	3672	3977	4064	4082	7.7
印度	142	273	395	469	642	698	724	765	805	852	5.3
日本	4753	6877	8374	8592	8646	8137	8029	8018	7849	7660	1.4
韩国	930	2368	6010	7891	9808	10249	10428	10506	10637	10547	7.2
印尼	46	162	390	501	637	681	735	776	814	820	8.6
其他	385	595	921	1091	1261	1269	1305	1336	1366	1364	3.7
中东	734	1458	2110	2591	3297	3308	3383	3500	3684	4013	5.0
非洲	366	450	496	544	564	577	573	571	568	614	1.5
南非	3456	4240	4587	4592	4507	4546	4366	4307	4243	4143	0.5
埃及	381	675	984	1272	1590	1701	1700	1700	1699	1698	4.4
其他	143	168	186	230	248	255	264	268	272	334	2.5
世界	1725	2064	2327	2585	2870	2931	2958	3015	3035	3027	1.6
OECD	5341	6696	7995	8332	8299	8197	8121	8096	8013	7945	1.1
非OECD	688	893	1006	1290	1683	1787	1844	1926	1976	1989	3.1

数据来源：联合国、国际能源署、英国石油公司、中国国家统计局、国网能源研究院有限公司。

全球人均用电量持续增长。1980—2015年，全球人均用电量从1725千瓦·时增至3027千瓦·时，年均增长1.6%。非OECD国家人均用电量较快增长，年均增长3.1%；OECD国家人均用电量出现下降，但2015年仍为非OECD国家的4倍。

亚太、中南美、非洲的人均用电量远低于世界平均水平。2015年，亚太、中南美、非洲人均用电量仅分别为2406、2142、614千瓦·时，远低于世界水平。

中国人均用电量超过世界平均水平，远低于发达国家。中国人均用电量在2010年超过世界平均水平，2015年达3931千瓦·时，约为世界平均水平的1.3倍，但仅为美国的31%、日本的51%、欧盟的50%。

（三）人均生活用电量

表1-24　1980—2015年分地区人均生活用电量　　单位：千瓦·时

地区＼年份	1980	1990	2000	2005	2010	2011	2012	2013	2014	2015[e]	增速（%）1980—2015
北美	2512	2934	3282	3544	3548	3483	3345	3362	3398	3435	0.9
美国	3125	3654	4215	4590	4665	4555	4367	4386	4436	4486	1.0
加拿大	3460	4693	4502	4681	4302	4436	4337	4466	4540	4617	0.8
墨西哥	145	238	351	388	411	430	426	423	430	437	3.2
中南美	220	314	427	446	530	542	564	581	605	628	3.0
巴西	190	324	476	441	546	558	581	611	641	672	3.7
阿根廷	315	340	577	621	831	870	917	943	1021	1106	3.7
其他	226	300	359	419	466	473	490	495	505	511	2.4
欧洲	736	975	1195	1258	1343	1294	1325	1330	1283	1238	1.5
欧盟	—	1581	1856	2060	2162	2059	2123	2119	2012	1909	—
英国	1532	1642	1900	2088	1895	1767	1804	1774	1693	1615	0.2
法国	1139	1702	2167	2261	2565	2220	2490	2630	2330	2065	1.7
德国	1472	1736	1593	1739	1762	1698	1702	1688	1607	1531	0.1
意大利	672	925	1069	1142	1167	1175	1163	1121	1075	1031	1.2
西班牙	519	771	1070	1427	1624	1629	1610	1530	1529	1526	3.1
俄罗斯	—	725	961	758	906	914	923	974	1017	1062	—
其他	—	338	522	546	601	600	610	617	610	597	—
亚太	86	129	225	288	374	388	408	431	438	445	4.8
澳大利亚	1970	2254	2552	2705	2737	2774	2683	2601	2457	2321	0.5
中国	11	18	114	221	382	417	459	513	524	535	11.7
印度	14	38	75	93	130	142	149	162	174	188	7.7
日本	1002	1506	2051	2229	2398	2281	2260	2246	2160	2079	2.1
韩国	142	413	803	1069	1248	1253	1288	1284	1257	1230	6.4
印尼	15	50	136	175	239	260	283	297	321	346	9.4
其他	82	139	249	295	337	340	356	362	376	386	4.5
中东	183	549	794	1068	1360	1283	1342	1393	1461	1529	6.3
非洲	65	99	120	149	161	166	168	170	170	169	2.8
南非	465	610	639	765	780	776	723	712	700	689	1.1
埃及	105	237	345	452	626	676	698	697	697	697	5.6
其他	32	50	65	83	84	86	90	94	95	95	3.2
世界	389	477	586	651	719	714	721	737	740	742	1.9
OECD	1470	1849	2173	2372	2439	2368	2335	2334	2300	2267	1.2
非OECD	79	130	216	264	343	355	373	395	408	420	4.9

数据来源：联合国、国际能源署、中国国家统计局、国网能源研究院有限公司。

全球人均生活用电量增速略快于人均用电量增速。1980—2015年，全球人均生活用电量从389千瓦·时增至742千瓦·时，年均增长1.9%，增速较人均用电量增速高0.3个百分点。其中，OECD国家人均生活用电量增速为1.2%，非OECD国家人均生活用电量增速为4.9%。

北美、中东、欧洲人均生活用电量高于世界平均水平。2015年，北美、中东、欧洲人均生活用电量分别为世界平均水平的4.6、2.1、1.7倍；中南美、亚太、非洲地区人均生活用电量分别为世界平均水平的85%、60%、23%。OECD国家人均生活用电量为非OECD国家的5.4倍。

中国人均生活用电量低于世界平均水平。2015年，中国人均生活用电量为535千瓦·时，低于世界平均水平（742千瓦·时），也低于俄罗斯（1062千瓦·时）、南非（689千瓦·时）和巴西（672千瓦·时）；与发达国家相比还有巨大差距，仅是美国的12%、日本的26%、欧盟的28%。

（四）电力强度

表1-25　1980—2015年分地区电力强度　　单位：千瓦·时/美元（2010年美元价）

地区＼年份	1980	1990	2000	2005	2010	2011	2012	2013	2014	2015[e]	增速（%）1980—2015
北美	0.33	0.32	0.31	0.28	0.28	0.27	0.26	0.26	0.26	0.25	−0.8
美国	0.34	0.32	0.30	0.28	0.28	0.27	0.26	0.26	0.26	0.25	−0.9
加拿大	0.40	0.44	0.39	0.36	0.32	0.32	0.31	0.32	0.31	0.29	−0.9
墨西哥	0.12	0.16	0.20	0.22	0.22	0.23	0.23	0.22	0.22	0.21	1.6
中南美	0.13	0.20	0.23	0.23	0.23	0.23	0.23	0.23	0.24	0.24	1.8
巴西	0.12	0.18	0.22	0.21	0.21	0.21	0.21	0.21	0.22	0.23	1.9
阿根廷	0.15	0.22	0.25	0.28	0.28	0.27	0.28	0.27	0.29	0.30	2.0
其他	0.13	0.21	0.24	0.25	0.25	0.25	0.25	0.25	0.26	0.26	2.0
欧洲	0.32	0.30	0.25	0.25	0.24	0.24	0.24	0.24	0.23	0.22	-1.1
欧盟	—	0.21	0.19	0.19	0.19	0.18	0.18	0.18	0.17	0.17	—
英国	0.22	0.19	0.18	0.16	0.15	0.14	0.14	0.14	0.13	0.12	−1.7
法国	0.16	0.18	0.19	0.19	0.19	0.17	0.18	0.18	0.17	0.17	0.2
德国	0.22	0.21	0.17	0.18	0.17	0.17	0.16	0.16	0.16	0.16	−0.9
意大利	0.13	0.13	0.15	0.15	0.15	0.15	0.15	0.15	0.15	0.15	0.4
西班牙	0.15	0.16	0.18	0.20	0.19	0.18	0.19	0.19	0.18	0.18	0.5
俄罗斯	—	0.70	0.80	0.65	0.60	0.58	0.58	0.56	0.57	0.58	—
其他	—	0.68	0.51	0.48	0.48	0.47	0.48	0.47	0.44	0.38	—
亚太	0.23	0.28	0.34	0.39	0.43	0.44	0.44	0.44	0.44	0.42	1.7
澳大利亚	0.20	0.24	0.23	0.21	0.21	0.20	0.20	0.19	0.19	0.18	−0.3
中国	0.82	0.70	0.56	0.66	0.65	0.67	0.66	0.67	0.65	0.61	−0.8
印度	0.35	0.49	0.50	0.46	0.46	0.48	0.48	0.48	0.47	0.47	0.8
日本	0.19	0.18	0.21	0.20	0.20	0.19	0.18	0.18	0.18	0.17	−0.3
韩国	0.23	0.27	0.39	0.42	0.44	0.45	0.45	0.44	0.43	0.42	1.7
印尼	0.04	0.10	0.18	0.20	0.20	0.21	0.21	0.22	0.22	0.21	4.9
其他	0.18	0.40	0.53	0.55	0.57	0.56	0.56	0.56	0.54	0.49	2.9
中东	0.05	0.12	0.16	0.17	0.19	0.19	0.19	0.19	0.20	0.24	4.6
非洲	0.24	0.33	0.36	0.34	0.31	0.32	0.31	0.31	0.30	0.32	0.8
南非	0.52	0.70	0.77	0.69	0.62	0.61	0.58	0.57	0.56	0.54	0.1
埃及	0.31	0.42	0.49	0.59	0.60	0.64	0.64	0.64	0.64	0.63	2.0
其他	0.12	0.16	0.18	0.19	0.17	0.18	0.18	0.18	0.18	0.22	1.7
世界	0.28	0.29	0.29	0.29	0.30	0.30	0.30	0.30	0.30	0.30	0.2
OECD	0.24	0.25	0.25	0.24	0.24	0.23	0.23	0.23	0.22	0.21	−0.4
非OECD	0.44	0.43	0.41	0.42	0.43	0.44	0.44	0.44	0.44	0.44	0.0

数据来源：国际能源署、世界银行、国网能源研究院有限公司。

全球电力强度趋于稳定。1980—2010年，单位产值电耗在0.29千瓦·时/美元左右波动，近年来基本保持在0.30千瓦·时/美元。

发达国家电力强度逐渐下降，发展中国家电力强度趋于稳定。1980—2015年，OECD国家电力强度从0.24千瓦·时/美元回落至0.21千瓦·时/美元；非OECD国家电力强度波动起伏较大，2010年以来基本维持在0.44千瓦·时/美元。2015年，非OECD国家的电力强度约为OECD国家的2.1倍。

中国电力强度位居全球前列。1980—2015年，中国电力强度有所下降，但仍居世界前列；2015年，中国电力强度为0.61千瓦·时/美元，分别是美国、日本、德国的2.4、3.6、3.8倍。

4.2 电气化指标

（一）发电能源占一次能源消费的比重

表1-26 1980—2015年分地区发电能源占一次能源消费的比重

单位：%

地区＼年份	1980	1990	2000	2005	2010	2011	2012	2013	2014	2015	变化(个百分点) 1980—2015
北美	30.4	37.3	40.1	41.7	43.6	43.8	43.7	43.3	42.9	43.0	12.6
美国	30.3	37.4	40.0	42.1	44.5	44.6	44.6	43.9	43.5	43.7	13.4
加拿大	37.1	43.9	45.3	43.8	42.1	42.6	42.3	42.9	42.2	41.0	3.9
墨西哥	16.6	22.4	31.3	33.2	34.8	36.9	36.8	36.2	36.8	38.5	21.9
中南美	22.2	29.3	34.2	35.5	36.0	36.6	36.9	37.6	37.8	38.5	16.3
巴西	23.9	30.2	34.7	35.0	36.7	36.7	37.2	37.5	38.0	37.5	13.6
阿根廷	20.6	24.2	30.0	33.1	33.8	33.8	35.0	35.7	34.7	35.5	14.9
其他	21.2	29.9	34.9	36.5	35.9	37.1	37.0	38.3	38.4	40.3	19.1
欧洲	28.1	31.9	37.2	38.5	39.7	39.7	39.8	39.9	40.6	41.0	12.9
欧盟	—	35.5	39.7	41.3	42.7	43.6	43.6	43.4	43.8	43.3	—
英国	32.7	35.3	38.5	40.6	42.6	43.9	42.2	41.9	42.1	41.6	8.9
法国	29.7	42.8	46.9	48.2	49.3	51.0	51.0	50.5	51.6	52.0	22.3
德国	29.4	35.6	38.9	41.5	42.5	43.1	43.4	43.1	43.7	44.3	14.9
意大利	30.7	33.0	35.8	36.8	38.3	39.7	40.1	40.5	40.5	39.5	8.8
西班牙	34.2	37.2	40.1	44.9	48.1	48.3	49.0	48.7	48.4	48.2	14.0
俄罗斯	—	26.6	30.9	32.1	32.9	32.0	32.0	31.8	32.7	33.8	—
其他	—	30.3	36.6	37.2	38.7	38.3	39.2	40.1	41.7	43.3	—
亚太	19.5	24.6	30.9	33.6	36.7	37.6	38.0	38.9	39.4	39.2	19.7
澳大利亚	29.8	39.8	43.6	43.1	44.3	44.3	43.5	43.2	43.2	42.6	12.8
中国	11.4	16.3	25.3	30.6	35.6	37.0	37.7	39.3	39.9	39.3	27.9
印度	13.3	21.1	28.6	30.5	31.4	32.8	32.8	33.9	34.6	34.0	20.7
日本	36.7	42.7	46.2	47.4	52.5	51.9	51.9	51.5	51.8	51.3	14.6
韩国	21.1	25.9	35.5	42.0	46.0	46.1	46.2	47.0	47.0	46.5	25.4
印尼	3.1	7.4	13.6	16.2	18.8	20.2	21.5	22.4	22.6	22.2	19.1
其他	19.8	25.8	32.1	34.1	35.9	36.4	36.6	36.4	36.7	39.4	19.6
中东	16.8	23.5	26.9	28.2	30.5	30.3	30.0	30.4	31.0	28.9	12.1
非洲	14.8	17.8	19.8	20.7	21.4	21.8	21.7	21.8	21.9	21.9	7.1
南非	33.3	39.1	43.6	42.1	41.1	42.7	41.3	39.5	37.7	38.4	5.1
埃及	24.7	28.5	41.5	38.8	43.6	44.9	45.2	49.3	50.4	53.0	28.3
其他	7.6	9.0	10.0	11.4	12.3	12.4	12.9	13.3	13.7	13.7	6.1
世界	25.4	29.8	33.7	35.1	36.7	37.1	37.2	37.6	37.8	37.7	12.3
OECD	30.8	37.4	40.8	42.5	44.5	45.0	44.9	44.6	44.6	44.8	14.0
非OECD	19.4	22.8	27.6	29.9	32.5	33.3	33.6	34.5	35.0	34.9	15.5

数据来源：国网能源研究院有限公司。

全球发电能源占一次能源消费的比重持续提高。1980—2015年，全球发电能源占一次能源消费比重从25.4%增至37.7%，提高了12.3个百分点。

发达国家发电能源占一次能源消费的比重高于发展中国家。2015年，OECD国家发电能源占一次能源消费比重为44.8%，高出非OECD国家近10个百分点。

中国发电能源占一次能源消费的比重高于世界平均水平，低于部分发达国家。2015年，中国发电能源占一次能源消费比重为39.3%，高出世界平均水平1.6个百分点，较日本、德国和美国分别低12.0、4.9、4.4个百分点。

（二）电能占终端能源消费的比重

表1-27 1980—2015年分地区电能占终端能源消费的比重

单位：%

地区 \ 年份	1980	1990	2000	2005	2010	2011	2012	2013	2014	2015	变化(个百分点) 1980—2015
北美	13.4	17.6	19.4	20.4	21.2	21.3	21.5	21.2	21.0	21.7	8.3
美国	13.3	17.5	19.5	20.6	21.5	21.7	21.8	21.5	21.2	21.9	8.6
加拿大	16.8	22.6	21.9	22.1	22.0	21.5	21.6	21.5	21.0	21.1	4.3
墨西哥	7.5	10.2	14.2	15.3	15.8	16.7	17.9	17.4	18.3	19.7	12.2
中南美	10.1	13.8	15.9	16.7	17.0	17.3	17.4	17.9	17.7	18.5	8.4
巴西	10.6	16.3	18.0	18.1	17.9	18.1	18.1	18.4	18.6	19.5	8.9
阿根廷	9.7	11.5	13.7	15.3	17.1	17.1	17.4	17.4	17.6	19.0	9.3
其他	9.6	12.0	14.3	15.7	16.0	16.6	16.7	17.4	16.9	17.1	7.5
欧洲	12.4	14.5	17.0	17.9	18.6	18.8	19.0	19.1	19.3	20.4	8.0
欧盟	—	16.5	18.5	19.4	20.2	20.9	21.0	20.9	21.3	22.2	—
英国	15.4	17.1	18.8	20.2	20.5	21.7	21.2	20.9	21.2	21.9	6.5
法国	12.7	18.2	20.3	21.5	23.7	23.9	24.2	24.1	24.2	25.4	12.7
德国	13.6	16.3	18.0	19.5	20.0	20.7	20.5	20.0	20.4	21.5	7.9
意大利	13.4	16.1	18.2	18.7	19.2	20.3	20.3	20.4	20.8	21.1	7.7
西班牙	16.0	17.8	19.0	20.4	22.8	23.6	24.4	24.4	24.8	26.2	10.2
俄罗斯	—	11.4	12.5	13.6	14.0	13.7	14.2	14.2	14.0	15.5	—
其他	—	13.9	17.5	17.9	18.9	18.7	18.8	19.5	20.3	20.7	—
亚太	8.2	10.4	14.0	16.0	18.1	18.5	18.9	19.4	19.6	20.5	12.3
澳大利亚	14.6	19.6	21.4	22.5	23.5	23.2	22.8	22.3	22.1	23.1	8.5
中国	4.3	5.9	10.9	14.7	17.9	18.7	19.3	20.2	20.4	21.3	17.0
印度	4.5	7.6	10.3	11.7	13.0	13.6	13.9	14.3	14.7	15.8	11.3
日本	19.0	21.6	23.8	24.5	28.4	27.5	27.5	27.5	27.7	29.3	10.3
韩国	9.0	12.5	17.8	21.9	24.5	25.1	25.0	25.0	24.6	25.5	16.5
印尼	1.1	3.0	5.6	6.9	8.5	9.2	9.6	10.0	10.3	11.1	10.0
其他	8.4	11.4	15.1	16.3	17.3	17.5	17.7	17.8	18.1	19.0	10.6
中东	6.9	10.4	12.0	12.6	14.0	13.9	13.9	14.3	14.7	16.1	9.2
非洲	6.4	7.6	8.4	9.1	9.2	9.4	9.3	9.3	9.3	10.5	4.1
南非	18.2	23.3	26.7	25.8	25.6	25.4	24.1	23.0	22.8	23.5	5.3
埃及	10.0	13.4	17.7	18.8	20.3	21.5	21.6	23.9	24.6	26.0	16.0
其他	2.9	3.3	3.7	4.5	4.7	4.8	5.0	5.1	5.2	6.6	3.7
世界	10.9	13.3	15.4	16.4	17.4	17.6	17.8	18.0	18.1	19.0	8.1
OECD	13.9	17.8	19.7	20.8	21.9	22.2	22.3	22.1	22.1	22.6	8.7
非OECD	7.8	9.5	11.8	13.5	15.2	15.6	15.9	16.4	16.6	17.8	10.0

数据来源：国网能源研究院有限公司。

全球电能占终端能源消费的比重持续提升。1980—2015年，全球电能占终端能源消费的比重从10.9%增至19.0%，上升8.1个百分点，其中非OECD国家和OECD国家占比分别提高10.0、8.7个百分点。

中南美、中东、非洲的电能占终端能源消费比重低于世界平均水平。2015年，中南美、中东、非洲电能占终端能源消费比重分别为18.5%、16.1%、10.5%，较世界平均水平分别低0.5、2.9、8.5个百分点。

部分国家电能占比较高。日本、西班牙、韩国、法国、埃及等国家电能占比超过25%，大幅高于世界平均水平。

中国电能占终端能源消费比重大幅提升。1980—2015年，中国电能占终端能源消费的比重提高17.0个百分点，在主要国家中增幅最大；2015年为21.3%，高于世界平均水平2.3个百分点。

5 电力供应

5.1 电力装机

（一）发电装机容量

表1-28 1980—2015年分地区发电装机容量

单位：百万千瓦

地区＼年份	1980	1990	2000	2005	2010	2011	2012	2013	2014	2015[e]	结构（%）		增速（%）
											1980	2015	1980—2015
北美	675	867	963	1154	1235	1250	1263	1263	1277	1288	34.0	20.5	1.9
美国	579	734	812	979	1041	1055	1068	1065	1073	1078	29.2	17.2	1.8
加拿大	79	105	111	123	132	133	131	134	137	143	4.0	2.3	1.7
墨西哥	17	28	41	52	61	62	64	64	66	68	0.9	1.1	4.0
中南美	84	136	190	219	260	270	280	293	306	324	4.2	5.2	3.9
巴西	33	53	74	93	114	119	122	128	134	142	1.7	2.3	4.3
阿根廷	13	17	26	28	33	33	35	35	36	37	0.7	0.6	3.0
其他	38	66	90	98	113	118	123	130	136	145	1.9	2.3	3.9
欧洲	814	1031	1111	1197	1343	1392	1440	1454	1483	1498	41.0	23.9	1.8
英国	74	73	78	82	94	94	96	95	97	97	3.7	1.6	0.8
法国	64	103	115	116	125	127	129	128	129	129	3.2	2.1	2.0
德国	103	112	118	129	163	176	177	186	198	206	5.2	3.3	2.0
意大利	47	57	75	85	106	118	124	125	122	122	2.4	1.9	2.8
西班牙	30	44	54	77	102	103	105	106	106	105	1.5	1.7	3.6
俄罗斯	—	—	204	218	228	232	234	238	245	249	—	4.0	—
其他	—	—	467	490	526	542	574	576	586	589	—	9.4	—
亚太	330	566	979	1295	1904	2050	2192	2338	2536	2743	16.6	43.7	6.2
澳大利亚	24	38	46	50	61	62	64	65	67	67	1.2	1.1	3.0
中国①	66	138	325	524	987	1085	1174	1262	1384	1516	3.3	24.2	9.4
中国②	66	138	319	517	966	1063	1147	1258	1370	1525	—	—	9.4
印度	34	74	112	147	208	238	255	279	310	344	1.7	5.5	6.8
日本	143	194	258	277	287	292	295	303	315	325	7.2	5.2	2.4
韩国	9	20	53	67	85	85	88	91	100	105	0.5	1.7	7.3
印尼	5	13	22	28	35	41	48	54	56	59	0.3	0.9	7.3
其他	49	89	163	202	242	247	268	283	305	327	2.5	5.2	5.6
中东	32	73	107	145	205	216	221	234	249	256	1.6	4.1	6.1
非洲	48	83	108	114	135	141	147	152	159	166	2.4	2.6	3.6
南非	21	34	46	42	44	44	45	45	47	48	1.1	0.8	2.4
埃及	5	12	17	20	27	28	29	31	32	35	0.3	0.6	5.7
其他	22	37	45	52	64	69	73	76	81	83	1.1	1.3	3.9
世界	1983	2755	3458	4123	5081	5319	5543	5735	6011	6276	100.0	100.0	3.3
OECD	1353	1743	2076	2382	2649	2715	2764	2797	2862	2906	68.2	46.3	2.2
非OECD	630	1012	1381	1741	2432	2604	2779	2938	3150	3370	31.8	53.7	4.9

数据来源：联合国、国际能源署、英国石油公司、Global Data、中国电力企业联合会、国网能源研究院有限公司。

注 中国①原始数据主要来源于Global Data，中国②数据来源于中国电力企业联合会，两个口径数据基本一致。

全球发电装机增速快于用电量增速。1980—2015年，全球发电装机从19.8亿千瓦增至62.8亿千瓦，年均增长3.3%，较用电量增速快0.2个百分点。

非OECD国家发电装机于2012年超越OECD国家。1980—2015年，全球发电装机增加42.9亿千瓦，其中非OECD国家增加27.4亿千瓦，对全球发电装机增量的贡献为64%。

中国发电装机居全球首位。2011年，中国超过美国成为世界发电装机第一大国。截至2015年底，中国发电装机15.2亿千瓦，超过欧洲总量，占全球总装机的24.2%。

（二）发电装机结构

表1-29　2005年和2015年分地区发电装机结构

单位：%

地区＼品种	2005年						2015年					
	煤电	油电	气电	水电	核电	非水可再生能源	煤电	油电	气电	水电	核电	非水可再生能源
北美	28.9	6.5	38.7	14.6	9.1	2.2	23.0	4.3	38.9	15.1	8.9	9.9
美国	31.7	6.0	41.5	9.2	9.3	2.3	25.9	3.8	41.5	9.5	9.2	10.1
加拿大	12.8	6.1	9.6	59.4	10.3	1.8	6.6	4.1	13.9	55.4	9.5	10.5
墨西哥	9.7	16.0	19.9	19.6	2.5	32.3	9.0	13.3	51.0	18.4	2.4	5.9
中南美	2.9	6.7	21.2	65.6	1.7	1.9	4.7	10.4	23.9	49.3	1.1	10.6
巴西	1.5	5.7	10.9	76.5	2.0	3.4	2.3	6.4	8.0	64.7	1.3	17.3
阿根廷	2.5	1.5	53.7	38.2	3.6	0.5	2.4	5.6	58.4	27.5	4.4	1.6
其他	5.5	11.0	23.4	59.8	0.0	0.3	9.1	16.3	31.7	39.8	0.0	3.2
欧洲	23.9	6.3	26.3	22.5	15.4	5.7	18.8	3.0	28.6	19.7	10.8	19.0
英国	27.3	3.8	45.4	5.2	14.3	4.0	21.4	0.0	44.3	4.6	9.1	20.6
法国	8.7	8.6	4.6	22.0	54.7	1.4	2.3	6.7	8.4	19.7	48.8	14.1
德国	36.7	4.8	16.3	8.4	15.6	18.2	26.2	2.3	15.4	5.4	5.2	45.4
意大利	10.5	19.7	41.2	24.5	0.0	4.1	16.8	10.2	28.9	18.1	0.0	26.0
西班牙	15.7	10.8	25.5	23.7	9.9	14.4	10.5	3.4	30.5	19.2	6.7	29.7
俄罗斯	21.9	2.4	44.7	21.0	10.0	0.0	19.4	2.2	47.1	20.3	10.5	0.6
其他	29.1	4.8	18.3	31.3	11.5	5.0	26.2	3.0	23.5	29.0	3.2	15.1
亚太	43.6	11.3	18.5	19.1	5.8	1.7	44.7	5.8	16.7	18.7	3.6	10.5
澳大利亚	62.2	4.3	14.3	16.2	0.0	3.0	40.9	4.0	28.2	12.0	0.0	14.9
中国	69.6	3.5	2.0	23.1	1.2	0.6	61.1	0.3	3.6	21.2	1.8	12.1
印度	54.3	1.0	10.1	27.0	2.7	4.9	65.6	0.3	8.7	13.4	1.5	10.4
日本	19.7	25.6	18.3	17.1	17.3	2.0	17.8	22.1	20.2	15.1	12.5	12.4
韩国	29.3	9.9	26.8	6.3	27.4	0.3	28.8	4.5	34.0	6.2	20.7	5.7
印尼	29.1	17.8	37.3	12.5	0.0	3.3	46.2	11.5	29.7	9.5	0.0	3.1
其他	16.0	17.4	48.9	14.0	1.8	1.9	13.9	15.3	52.1	13.2	1.7	3.7
中东	4.0	24.7	63.5	7.8	0.0	0.0	2.0	23.4	67.7	6.3	0.4	0.2
非洲	45.0	4.8	31.6	16.0	2.0	0.6	29.7	4.8	42.8	17.7	1.1	3.8
南非	88.7	0.0	1.6	5.2	4.2	0.3	79.3	0.0	6.8	4.7	3.8	5.3
埃及	0.0	6.7	77.7	14.8	0.0	0.8	0.0	4.4	85.7	8.1	0.0	1.8
其他	6.6	11.1	47.4	33.9	0.0	1.0	5.1	11.2	59.7	20.1	0.0	3.9
世界	31.2	8.6	27.5	20.7	9.1	2.9	31.4	5.4	26.0	19.2	6.1	11.8

数据来源：联合国、国际能源署、英国石油公司、Global Data、中国电力企业联合会、国网能源研究院有限公司。

火电在电源结构中占主导地位。2005—2015年，火电装机占全球装机的比重由67.3%降至62.8%，下降了4.5个百分点。其中，煤电、油电、气电比重分别上升0.2、下降3.2、下降1.5个百分点。

全球非水可再生能源装机比重大幅增长。2005—2015年，全球非水可再生能源装机比重从2.9%增至11.8%，其中中国非水可再生能源装机比重提高了11.5个百分点。

全球水电和核电装机比重有所下降。2005—2015年，全球水电、核电比重分别从20.7%、9.1%降至19.2%、6.1%，分别下降1.5、3.0个百分点。

发达国家非水可再生能源发电装机占比远高于世界平均水平。2015年，英国、德国、意大利、西班牙等国家非水可再生能源发电装机占比超过20%，远高于11.8%的世界平均水平。

（三）设备利用小时数

表1-30　1980—2015年分地区发电设备平均利用小时数

单位：小时

地区＼年份	1980	1990	2000	2005	2010	2011	2012	2013	2014	2015	变化量 1980—2015
北美	4248	4402	5051	4476	4252	4251	4163	4169	4170	4094	-154
美国	4192	4385	4991	4389	4206	4150	4042	4038	4058	4009	-183
加拿大	4726	4592	5457	5046	4502	4748	4804	4999	4840	4509	-217
墨西哥	3939	4137	5016	4776	4488	4906	4872	4639	4627	4594	655
中南美	3723	3732	4226	4280	4345	4425	4432	4400	4307	4212	489
巴西	4224	4204	4715	4334	4524	4564	4586	4563	4497	4191	-33
阿根廷	3054	3000	3422	3777	3806	3936	4002	3979	4001	4087	1033
其他	3517	3542	4056	4372	4322	4423	4400	4354	4202	4265	748
欧洲	4326	4439	4220	4292	3982	3893	3803	3698	3598	3573	-753
英国	3855	4380	4834	4836	4072	3921	3834	3759	3528	3475	-380
法国	4031	4085	4695	4977	4569	4459	4411	4442	4371	4399	368
德国	4540	4911	4886	4841	3891	3621	3566	3515	3265	3220	-1320
意大利	3952	3800	3689	3552	2837	2690	2466	2328	2270	2311	-1641
西班牙	3683	3453	4157	3840	2962	2872	2861	2705	2624	2653	-1030
俄罗斯	—	—	4303	4372	4553	4586	4595	4486	4406	4308	—
亚太	4071	4403	4459	4676	4415	4556	4425	4400	4241	3960	-111
澳大利亚	4003	4079	4570	4560	4169	4130	3970	3876	3784	3715	-288
中国	4555	4502	4172	4772	4263	4552	4421	4472	4293	3928	-627
印度	3541	3956	5087	4868	4709	4819	4556	4466	4369	4098	557
日本	4030	4544	4262	4108	3999	3738	3624	3565	3368	3170	-860
韩国	4138	5269	5474	5852	5897	6180	6199	6045	5759	5369	1231
印尼	1500	2513	4242	4555	4850	4827	4496	4223	4138	4070	2570
其他	4186	4536	4578	4725	4751	4803	4736	4545	4426	4344	158
中东	2197	2777	3615	3783	3778	3787	3797	3800	3844	3811	1614
非洲	3833	3830	4115	4943	4994	5049	5041	4981	4911	4823	990
南非	4712	4918	4580	5831	5900	5967	5796	5684	5512	5214	502
埃及	3788	3521	4597	5435	5437	5724	5767	5627	5481	5428	1640
其他	3003	2931	3457	4036	4184	4164	4276	4299	4333	4348	1345
世界	4185	4324	4497	4465	4248	4284	4194	4159	4070	3924	-261
OECD	4201	4424	4740	4457	4136	4066	3977	3920	3834	3769	-432
非OECD	4151	4152	4136	4475	4369	4517	4415	4392	4289	4061	-90

数据来源：联合国、国际能源署、英国石油公司、Global Data、中国电力企业联合会、国网能源研究院有限公司。

全球发电设备平均利用小时数趋于下降。1980—2015年，全球发电设备利用小时数由4185小时降至3924小时。

发达国家发电设备利用小时数大幅下降，明显低于发展中国家。1980—2015年，OECD国家发电设备利用小时数降低了432小时。2015年，发达国家发电设备利用小时数为3769小时，较非OECD国家低292小时。

中国发电设备利用小时数波动中下降。1980—2015年，中国发电设备利用小时数从4555小时降至3928小时，减少627小时。

5.2　发电量

（一）发电量

表1-31　1980—2015年分地区发电量

单位：十亿千瓦·时

地区＼年份	1980	1990	2000	2005	2010	2011	2012	2013	2014	2015^{e}	结构（%）		增速（%）
											1980	2015	1980—2015
北美	2868	3817	4864	5167	5250	5282	5231	5264	5297	5251	34.6	21.8	1.7
美国	2427	3219	4053	4294	4378	4349	4291	4306	4339	4312	29.2	17.9	1.7
加拿大	373	482	606	622	596	630	633	661	656	632	4.5	2.6	1.5
墨西哥	67	116	206	251	276	303	307	297	301	307	0.8	1.3	4.4
中南美	313	508	803	937	1130	1173	1219	1261	1291	1328	3.8	5.5	4.2
巴西	139	223	349	403	516	532	553	571	591	580	1.7	2.4	4.2
阿根廷	40	51	89	106	126	130	136	139	142	148	0.5	0.6	3.8
其他	134	234	365	429	488	511	530	550	559	600	1.6	2.5	4.4
欧洲	3521	4576	4688	5137	5348	5323	5385	5352	5286	5327	42.4	22.1	1.2
欧盟	—	257	301	329	333	326	326	323	315	319	—	1.3	—
英国	285	320	377	398	382	367	364	359	339	338	3.4	1.4	0.5
法国	258	421	540	576	569	561	566	572	563	568	3.1	2.4	2.3
德国	468	550	577	623	633	613	630	639	628	652	5.6	2.7	1.0
意大利	186	217	277	304	302	303	299	290	280	282	2.2	1.2	1.2
西班牙	110	152	224	294	302	294	298	286	279	280	1.3	1.2	2.7
俄罗斯	—	1082	878	953	1038	1055	1071	1059	1064	1063	—	4.4	—
其他	—	1578	1515	1660	1789	1804	1833	1824	1819	1824	—	7.6	—
亚太	1343	2492	4365	6055	8405	9006	9386	9966	10335	10454	16.2	43.4	6.0
澳大利亚	96	155	210	229	253	254	251	250	248	249	1.2	1.0	2.8
中国①	301	621	1356	2500	4208	4716	4994	5447	5679	5695	3.6	23.6	8.8
中国②	301	621	1369	2498	4228	4731	4987	5372	5605	5740	—	—	8.8
印度	120	293	570	716	979	1075	1123	1193	1287	1341	1.4	5.6	7.1
日本	576	882	1100	1139	1148	1082	1064	1066	1041	1015	6.9	4.2	1.6
韩国	37	105	290	389	500	523	535	542	551	549	0.4	2.3	8.0
印尼	8	33	93	128	170	183	200	216	229	235	0.1	1.0	10.1
其他	205	404	746	955	1148	1173	1219	1252	1300	1371	2.5	5.7	5.6
中东	70	203	387	549	775	797	831	866	929	964	0.8	4.0	7.8
非洲	184	318	444	563	674	697	726	745	765	785	2.2	3.3	4.2
南非	99	167	211	245	260	263	258	256	253	248	1.2	1.0	2.7
埃及	19	42	78	109	147	157	164	168	172	182	0.2	0.8	6.7
其他	66	108	156	210	268	277	304	321	341	355	0.8	1.5	4.9
世界	8299	11913	15552	18409	21582	22279	22777	23454	23903	24108	100.0	100.0	3.1
OECD	5684	7712	9840	10619	10958	10906	10894	10898	10847	10869	68.5	45.1	1.9
非OECD	2615	4202	5712	7790	10624	11373	11883	12555	13056	13238	31.5	54.9	4.7

数据来源：联合国、国际能源署、英国石油公司、Global Data、中国电力企业联合会、国网能源研究院有限公司。

注　中国①原始数据主要来源于国际能源署，中国②数据来源于中国电力企业联合会，两个口径数据基本一致。

全球发电量增速与用电量增速持平。1980—2015年，全球发电量从8.3万亿千瓦·时增至24.1万亿千瓦·时，年均增长3.1%。

全球发电量增量的一半以上来自亚太。1980—2015年，全球发电量增加15.8万亿千瓦·时，增量的58%来自于亚太地区，中国、印度分别贡献34%、8%。

中国超越美国成为发电量最大的国家。1980—2015年，中国发电量年均增速高达8.8%；其中2000—2011年年均增速高达12.0%，远高于同期美国增速（0.6%）。2011年，中国发电量超越美国，位居世界第一。

（二）发电量结构

表1-32　2005年和2015年分地区发电量结构

单位：%

地区＼品种	2005年						2015年					
	煤电	油电	气电	水电	核电	非水可再生能源	煤电	油电	气电	水电	核电	非水可再生能源
北美	44.0	3.2	18.8	13.2	18.0	2.9	30.3	1.5	31.3	13.1	17.2	6.6
美国	49.7	3.0	18.5	6.5	19.3	3.0	34.8	0.9	32.5	6.3	18.5	7.0
加拿大	15.9	1.9	6.1	59.8	14.4	1.9	9.0	1.1	8.6	60.7	15.1	5.5
墨西哥	15.5	9.1	55.8	11.7	4.4	3.5	11.3	10.5	61.4	10.0	3.6	3.2
中南美	2.8	9.5	15.4	67.9	1.7	2.7	4.0	14.9	21.3	50.9	1.5	7.4
巴西	1.7	2.6	4.7	84.1	2.3	4.6	4.3	5.7	13.1	62.2	2.4	12.2
阿根廷	1.6	0.2	51.2	40.1	6.6	0.3	3.2	15.3	52.9	23.0	4.4	1.2
其他	4.1	18.3	16.4	59.7	0.0	1.5	3.9	23.7	21.5	46.8	0.0	4.2
欧洲	29.3	4.2	22.0	15.4	25.8	3.3	31.9	2.2	17.4	16.1	20.7	11.7
英国	34.4	1.2	39.9	1.1	20.4	3.0	24.5	0.6	31.9	2.8	18.9	21.3
法国	6.8	1.1	2.8	10.2	78.2	0.9	3.5	0.5	5.6	10.5	73.7	6.0
德国	47.2	2.0	12.5	3.1	27.6	7.6	45.1	0.9	9.7	3.9	13.3	27.1
意大利	14.9	12.2	57.2	11.5	0.0	4.2	17.5	5.1	40.4	16.2	0.0	20.9
西班牙	29.1	8.3	28.3	5.8	19.6	8.9	20.4	5.7	19.1	10.9	19.5	24.3
俄罗斯	18.2	2.0	46.6	18.4	14.6	0.1	14.9	1.0	50.4	16.4	17.2	0.1
其他	36.8	5.6	8.8	24.2	21.4	3.3	48.4	3.0	0.9	24.0	13.9	9.8
亚太	57.3	5.7	14.4	12.1	9.2	1.3	59.4	2.2	14.2	16.1	3.8	4.3
澳大利亚	79.2	1.4	10.4	6.8	0.0	2.2	62.3	1.9	20.4	7.0	0.0	8.3
中国	78.2	2.0	1.0	16.0	2.1	0.7	70.9	0.2	2.1	19.5	2.8	4.4
印度	67.1	3.9	8.7	15.8	2.7	1.8	76.3	1.8	5.0	9.5	2.6	4.8
日本	27.6	13.8	24.9	6.4	24.9	2.4	33.9	9.0	39.0	11.5	0.4	6.2
韩国	37.9	5.8	16.5	0.9	38.7	0.2	42.9	3.0	21.5	2.0	28.6	2.0
印尼	40.6	13.6	32.2	8.4	0.0	5.2	53.2	11.4	24.9	5.9	0.0	4.6
其他	35.6	7.0	38.9	12.2	5.3	0.9	21.4	4.4	49.1	20.4	2.9	1.8
中东	5.8	36.7	52.0	5.3	0.0	0.2	0.0	35.0	61.1	3.4	0.3	0.1
非洲	45.3	10.5	26.2	14.5	2.9	0.7	34.4	9.5	37.5	15.5	1.4	1.6
南非	94.2	0.0	0.0	0.4	5.4	0.0	93.9	0.1	0.0	0.8	4.4	0.8
埃及	0.0	3.8	82.7	12.9	0.0	0.6	0.0	12.3	79.4	7.3	0.0	0.9
其他	12.0	6.8	46.6	33.0	0.0	1.6	10.5	14.7	42.2	30.0	0.0	2.6
世界	38.7	6.8	19.3	15.4	15.2	4.7	40.8	4.3	21.6	16.8	10.1	6.3

数据来源：联合国、国际能源署、英国石油公司、Global Data、中国电力企业联合会、国网能源研究院有限公司。

全球火力发电量比重保持在2/3左右。2005—2015年，火力发电量占总发电量的比重由64.8%增至66.7%，上升1.9个百分点；其中，煤电、气电比重分上升2.1、2.3个百分点，油电比重下降2.5个百分点。

全球水力发电量比重略有上升。2005年、2015年，全球水力发电量占比分别为15.4%、16.8%。其中，北美、中南美、中东水电占比下降，欧洲、亚太、非洲水电占比上升。

非水可再生能源发电量比重增长较快。非水可再生能源发电量占比从4.7%增至6.3%，增加1.6个百分点；其中北美、欧洲和亚太地区分别上升3.7、8.4、3.0个百分点，达到6.6%、11.7%、4.3%。

5.3　电力进出口

（一）电力净进口量

表1-33　1980—2015年分地区电力净进口量

单位：亿千瓦·时

地区＼年份	1980	1990	2000	2005	2010	2011	2012	2013	2014	2015[e]	年均量 2000—2015
北美	0.9	2.6	-12.1	-2.4	-3.2	-1.4	0.0	72.6	13.7	152.0	11.5
美国	267.2	19.8	337.6	247.8	259.8	372.5	455.3	590.0	482.0	630.0	321.7
加拿大	-272.4	-3.5	-358.5	-238.1	-253.4	-366.9	-465.8	-517.1	-463.0	-473.8	-305.6
墨西哥	6.2	-13.7	8.7	-12.0	-9.5	-7.0	10.5	-0.3	-5.3	-4.2	-4.7
中南美	25.6	38.3	418.2	387.4	363.3	367.8	394.7	389.7	334.5	319.6	383.1
巴西	-2.1	265.4	443.4	390.4	346.5	358.9	402.6	403.3	337.8	321.1	382.0
阿根廷	0.2	8.2	-37.0	-1.4	19.9	21.5	1.4	3.4	13.8	16.0	3.0
欧洲	-39.5	-66.5	-329.0	-206.1	-214.0	-387.4	-412.6	-313.3	-612.0	-763.9	-320.2
英国	0.0	119.4	141.7	83.2	26.6	62.2	118.7	144.3	205.2	209.4	96.4
法国	32.5	-454.4	-762.2	-585.9	-294.6	-557.0	-442.0	-472.0	-651.0	-617.0	-565.3
德国	71.5	9.3	31.6	-84.8	-177.1	-62.7	-231.0	-338.0	-356.0	-307.4	-152.6
意大利	60.8	346.6	443.5	491.6	441.6	456.3	431.0	421.4	437.0	437.1	454.5
西班牙	-13.8	-4.2	44.4	-13.4	-83.3	-60.9	-112.0	-67.3	-83.9	-90.9	-42.4
俄罗斯	0.0	-83.1	-140.5	-123.8	-174.5	-225.5	-164.8	-136.8	-111.0	-192.5	-145.7
亚太	2.5	87.2	-29.2	-36.1	-0.7	39.2	19.9	5.8	8.4	9.8	-22.4
中国	0.0	18.4	-83.3	-61.8	-135.1	-127.5	-107.8	-112.3	-101.3	-97.0	-95.8
印度	-0.4	13.8	12.8	14.8	52.6	51.5	51.3	51.8	53.4	53.8	35.7
中东	0.0	0.0	-6.8	-1.0	20.9	25.0	22.8	23.9	27.7	44.2	14.2
非洲	95.0	-21.7	24.9	-35.8	-0.5	-1.9	-16.3	-7.0	15.8	22.5	-2.3
南非	91.0	-12.6	7.1	-36.9	-24.8	-30.7	-50.3	-45.0	-26.6	-12.1	-25.4
埃及	0.0	0.0	-1.5	-7.8	-14.4	-15.8	-14.0	-15.1	-16.8	-19.8	-9.9

数据来源：国际能源署、Global Data、国网能源研究院有限公司。

美国、意大利、巴西长期进口电力。2000—2015年，美国净进口电量从338亿千瓦·时增至630亿千瓦·时，年均增长4.2%；意大利从444亿千瓦·时降至437亿千瓦·时，年均减少0.1%。巴西从1985年开始成为电力净进口国，2015年净进口电量321亿千瓦·时。

加拿大、俄罗斯、法国长期出口电力。2000—2015年，加拿大净出口量从359亿千瓦·时增至474亿千瓦·时。2000—2015年，俄罗斯年均净出口电量146亿千瓦·时。法国1981年成为电力净出口国，2015年净出口电量617亿千瓦·时，居全球首位。

德国在21世纪初由电力净进口国转变为净出口国。德国自2002年以后成为电力净出口国，2015年净出口电量达307亿千瓦·时，仅次于法国和加拿大。

（二）电力交换量

表1-34　1980—2015年分地区电力交换量

单位：亿千瓦·时

地区 \ 年份	1980	1990	2000	2005	2010	2011	2012	2013	2014	2015[e]	结构（%）		增速（%）
											1980	2015	1980—2015
北美	674	815	1259	1266	1284	1347	1411	1572	1485	1643	21.3	13.8	2.6
美国	336	430	634	631	642	673	684	817	718	870	10.6	7.3	2.8
加拿大	331	359	612	621	624	655	694	731	719	726	10.5	6.1	2.3
墨西哥	6	25	13	14	17	19	33	25	48	47	0.2	0.4	6.1
中南美	75	634	515	465	426	469	438	434	380	367	2.4	3.1	4.6
巴西	2	266	444	394	372	410	412	403	338	321	0.1	2.7	15.6
阿根廷	0	9	57	26	27	27	7	3	14	17	0.0	0.1	—
其他	72	359	14	45	28	32	19	27	28	29	2.3	0.2	-2.6
欧洲	2206	6559	6467	7907	7637	8460	9177	8085	8773	8646	69.9	72.7	4.0
英国	—	120	144	140	116	112	156	206	260	245	—	2.1	—
法国	280	588	1053	1232	1037	951	1028	1116	1197	1253	8.9	10.5	4.4
德国	396	624	869	1154	1021	1057	1114	1106	1134	1013	12.5	8.5	2.7
意大利	101	365	453	514	478	491	477	465	497	498	3.2	4.2	4.7
西班牙	60	68	201	218	187	220	268	271	233	252	1.9	2.1	4.2
俄罗斯	—	784	317	327	207	257	218	231	365	289	—	2.4	—
其他	—	4010	3430	4324	4590	5374	5915	4689	5087	5096	—	42.8	—
亚太	15	1140	205	360	540	599	548	602	622	639	0.5	5.4	11.3
中国	0	20	114	162	246	259	245	261	270	276	0.0	2.3	—
印度	0	15	17	19	54	54	54	55	58	59	0.0	0.5	—
印尼	0	0	0	0	0	0	0	0	0	0	0.0	0.0	—
其他	14	1105	74	179	241	287	248	285	294	304	0.4	2.6	9.2
中东	1	0	13	72	177	218	244	256	221	250	0.0	2.1	17.1
非洲	172	64	118	246	354	357	350	314	346	352	5.4	3.0	2.1
南非	102	18	87	221	269	269	250	234	250	255	3.2	2.1	2.7
埃及	0	0	5	11	17	18	16	17	18	21	0.0	0.2	—
其他	70	46	26	14	68	71	84	64	77	76	2.2	0.6	0.2
世界	3158	9239	8576	10316	10418	11450	12167	11263	11826	11897	100.0	100.0	3.9
OECD	2615	5014	6590	7847	7703	8451	9264	8273	8717	8807	82.8	74.0	3.5
非OECD	543	4225	1986	2469	2714	2999	2903	2990	3109	3090	17.2	26.0	5.1

数据来源：国际能源署、Global Data、国网能源研究院有限公司。
注　电力交换量=电力进口量+电力出口量。

全球电力交换量增速高于用电量增速。1980—2015年，全球电力交换量从3158亿千瓦·时增至11897亿千瓦·时，年均增长3.9%，较用电量增速高0.8个百分点；非OECD国家年均增速为5.1%，高出OECD国家1.6个百分点。

欧美是全球电力交换最活跃的地区。2015年，欧洲、北美和中南美地区的电力交换量分别达8646亿、1643亿、367亿千瓦·时，占全球电力交换量的72.7%、13.8%、3.1%。

德国、法国和美国电力交换量位居世界前三。2015年，法国、德国、美国电力交换量分别为1253亿、1013亿、870亿千瓦·时，占全球电力交换量的10.5%、8.5%、7.3%。

（三）电力交换量占用电量的比重

表1-35　1980—2015年分地区电力交换量占用电量的比重

单位：%

地区＼年份	1980	1990	2000	2005	2010	2011	2012	2013	2014	2015[e]	变化（个百分点）1980—2015
北美	2.6	2.3	2.8	2.6	2.6	2.7	2.9	3.2	3.0	3.4	0.8
美国	1.5	1.5	1.6	1.6	1.5	1.6	1.7	2.0	1.7	2.1	0.6
加拿大	10.6	8.0	11.7	11.4	12.0	12.2	13.0	13.2	13.0	14.1	3.5
墨西哥	1.0	2.5	0.7	0.7	0.8	0.7	1.2	1.0	1.8	1.8	0.8
中南美	2.7	14.6	7.6	5.9	4.4	4.7	4.2	4.0	3.5	3.4	0.7
巴西	0.2	12.2	13.4	10.5	8.0	8.5	8.3	7.8	6.4	6.2	6.0
阿根廷	0.1	2.2	7.4	2.8	2.3	2.2	0.6	0.3	1.1	1.2	1.1
其他	6.2	20.5	0.5	1.4	0.7	0.8	0.5	0.6	0.7	0.7	-5.5
欧洲	6.8	15.4	15.1	16.7	15.4	17.1	18.4	16.3	17.9	17.7	10.9
英国	0.0	3.9	4.0	3.7	3.2	3.2	4.5	5.9	7.8	7.4	7.4
法国	11.5	16.9	23.9	25.5	20.6	20.1	21.3	23.0	26.0	26.7	15.2
德国	8.7	11.8	15.9	19.6	17.2	18.1	19.1	19.0	19.9	17.5	8.8
意大利	5.7	15.5	15.0	15.5	14.7	15.0	14.8	15.0	16.4	16.1	10.4
西班牙	6.0	5.0	9.6	8.2	7.1	8.4	10.3	10.8	9.4	9.9	3.9
俄罗斯	—	7.9	4.2	3.9	2.3	2.8	2.3	2.5	3.8	3.1	—
亚太	0.1	5.0	0.5	0.7	0.7	0.7	0.6	0.7	0.7	0.7	0.6
中国	0.0	0.3	0.9	0.7	0.6	0.6	0.5	0.5	0.5	0.5	0.5
印度	0.0	0.6	0.4	0.4	0.7	0.6	0.6	0.6	0.6	0.5	0.5
印尼	0.0	0.0	0.0	0.0	0.0	0.0	0.0	0.0	0.0	0.0	0.0
其他	0.8	32.6	1.2	2.2	2.4	2.8	2.3	2.5	2.5	2.6	1.8
中东	0.2	0.0	0.4	1.5	2.6	3.1	3.4	3.3	2.7	2.7	2.5
非洲	9.8	2.3	2.9	4.9	6.0	5.8	5.6	4.9	5.3	4.8	-5.0
南非	10.1	1.2	4.2	9.9	11.5	11.3	10.9	10.2	10.9	11.3	1.2
埃及	0.0	0.0	0.7	1.2	1.3	1.2	1.1	1.1	1.2	1.4	1.4
其他	12.0	5.1	2.0	0.8	3.0	3.0	3.3	2.4	2.8	2.2	-9.8
世界	4.1	8.5	6.0	6.1	5.3	5.6	5.8	5.2	5.4	5.4	1.3
OECD	5.0	7.0	7.2	7.9	7.5	8.3	9.1	8.1	8.6	8.7	3.7
非OECD	2.3	11.2	4.0	3.6	2.8	2.9	2.7	2.6	2.6	2.6	0.3

数据来源：国际能源署、Global Data、国网能源研究院有限公司。

全球电力交换量占用电量的比重经历了先升后降的过程。1980—1990年，全球电力交换量占用电量的比重从4.1%提高到8.5%，随后持续下降，到2015年降至5.4%；其中，OECD国家电力交换量比重总体呈上升趋势，非OECD国家出现明显下降。

法国、德国、意大利电力交换量占用电量的比重位居全球前三。2015年，法国、德国、意大利电力交换量占用电量的比重分别为26.7%、17.5%和16.1%，远高于全球平均水平。

5.4 线损率

表1-36 1980—2015年分地区线损率

单位：%

地区 \ 年份	1980	1990	2000	2005	2010	2011	2012	2013	2014	2015[e]	变化（个百分点）1980—2015
北美	9.32	9.65	6.68	7.33	7.20	7.23	7.38	7.09	7.23	7.25	-2.07
美国	9.21	9.86	6.00	6.60	6.28	6.26	6.56	6.18	6.15	6.11	-3.10
加拿大	9.49	7.30	8.58	8.92	9.35	9.75	9.47	9.56	9.84	9.92	0.43
中南美	12.46	14.73	16.92	16.79	15.52	15.28	15.59	15.37	15.44	15.51	3.05
巴西	11.93	12.81	15.78	15.26	15.73	15.56	16.08	15.73	15.13	14.98	3.05
阿根廷	13.29	18.74	15.19	15.04	12.98	13.88	13.34	15.55	13.77	13.85	0.56
欧洲	8.06	7.89	9.82	9.16	8.47	8.39	8.55	8.69	8.76	8.82	0.76
英国	8.13	8.09	8.38	7.25	7.31	7.78	8.02	7.59	8.26	8.17	0.04
法国	6.95	7.90	6.91	6.67	6.99	6.85	7.69	7.62	7.62	7.59	0.64
德国	4.74	4.66	6.37	5.16	4.20	4.39	4.35	4.36	4.39	4.41	-0.33
意大利	9.21	6.88	6.43	6.24	6.22	6.23	6.40	6.65	6.26	6.19	-3.02
西班牙	9.77	9.80	9.00	9.46	9.85	9.50	9.50	10.16	10.16	10.51	0.74
俄罗斯	—	8.41	12.79	12.90	11.05	10.92	10.85	10.93	10.83	10.82	—
亚太	8.20	8.68	10.11	9.53	8.16	8.05	7.90	7.86	7.76	7.72	-0.48
澳大利亚	10.04	6.61	7.69	7.17	6.90	6.87	6.15	5.66	5.08	5.43	-4.61
中国	8.64	7.52	7.61	7.44	6.61	6.25	6.27	6.24	5.91	6.02	-2.62
印度	19.04	20.81	29.19	26.90	21.11	20.61	20.19	19.71	20.76	21.05	2.01
日本	4.65	4.83	4.47	4.45	4.31	4.53	4.27	4.66	4.55	4.48	-0.17
韩国	6.85	3.71	4.52	3.70	3.78	3.49	3.39	3.55	3.49	3.54	-3.31
印尼	9.60	10.11	11.95	11.66	9.73	9.44	9.25	9.97	9.74	9.99	0.39
中东	7.76	8.75	12.19	14.80	13.16	13.58	13.33	12.55	12.69	12.38	4.62
非洲	9.95	10.73	12.52	12.13	13.95	12.65	14.73	15.30	15.79	16.05	6.10
南非	7.44	6.62	8.23	9.15	10.27	9.15	9.49	9.22	9.05	8.97	1.53
埃及	13.36	10.41	14.32	12.04	10.76	8.80	11.54	11.54	11.56	11.57	-1.79
世界	8.72	8.97	9.37	9.37	8.74	8.65	8.75	8.66	8.73	8.72	0.00
OECD	8.17	8.04	6.77	6.85	6.64	6.66	6.77	6.67	6.62	6.58	-1.59
非OECD	9.92	10.66	13.86	12.84	10.92	10.58	10.57	10.40	10.50	10.47	0.55

数据来源：联合国、国际能源署、中国电力企业联合会、国网能源研究院有限公司。

2000年以后全球线损率趋于下降。1980—2000年，全球线损率呈上升趋势，2000年以后呈下降趋势。1980—2015年，OECD国家线损率下降了1.59个百分点，非OECD国家线损率先升后降。

印度和巴西线损率远高于世界平均水平。2015年，印度、巴西线损率分别为21.1%、15.0%，较世界平均水平高出12.4、6.3个百分点。

中国线损率显著下降，与发达国家水平基本相当。1980—2015年，中国线损率从8.6%降至6.0%，低于OECD国家平均水平（6.6%）。

6　非化石能源

6.1　水电

（一）装机容量

表1-37　2006—2015年分地区水电装机容量

单位：万千瓦

地区 \ 年份	2006	2010	2011	2012	2013	2014	2015	结构（%）		增速（%）
								2006	2015	2006—2015
北美	18292	18770	18809	18827	18876	19316	19405	20.5	16.1	0.7
美国	9928	10102	10094	10111	10159	10216	10254	11.1	8.5	0.4
加拿大	7284	7508	7558	7554	7554	7853	7904	8.2	6.5	0.9
墨西哥	1080	1160	1157	1163	1163	1246	1246	1.2	1.0	1.6
中南美	13263	14265	14542	14772	15014	15426	15979	14.8	13.2	2.1
巴西	7368	8070	8246	8429	8602	8919	9206	8.2	7.6	2.5
阿根廷	992	1003	1003	1003	1005	1007	1007	1.1	0.8	0.2
其他	4903	5192	5293	5339	5406	5500	5766	5.5	4.8	1.8
欧洲	26361	27474	27765	28318	28837	29155	29580	29.5	24.5	1.3
英国	424	439	442	444	445	447	449	0.5	0.4	0.6
法国	2512	2540	2535	2537	2536	2529	2542	2.8	2.1	0.1
德国	1084	1122	1144	1126	1124	1123	1123	1.2	0.9	0.4
意大利	2107	2151	2174	2188	2201	2210	2210	2.4	1.8	0.5
西班牙	1832	1854	1854	1855	1888	1922	2018	2.1	1.7	1.1
其他	18402	19369	19617	20169	20643	20924	21237	20.6	17.6	1.6
亚太	27988	38054	40588	42923	46378	48879	51234	31.3	42.4	6.9
澳大利亚	854	877	879	879	804	805	805	1.0	0.7	－0.7
中国	13029	21470	23298	24947	28045	30211	32091	14.6	26.6	10.5
印度	3428	4009	4152	4236	4288	4436	4626	3.8	3.8	3.4
日本	4736	4774	4842	4897	4894	4915	4895	5.3	4.1	0.4
韩国	549	553	642	645	645	647	647	0.6	0.5	1.9
其他	5394	6371	6775	7319	7701	7866	8170	6.0	6.8	4.7
中东	1061	1281	1307	1413	1466	1517	1621	1.2	1.3	4.8
非洲	2354	2673	2687	2787	2847	2893	2947	2.6	2.4	2.5
南非	226	228	228	228	228	228	229	0.3	0.2	0.1
埃及	279	285	285	285	285	285	285	0.3	0.2	0.3
其他	1849	2161	2174	2275	2334	2380	2433	2.1	2.0	3.1
世界	89319	102517	105697	109040	113417	117186	120766	100.0	100.0	3.4

数据来源：国际可再生能源署、国网能源研究院有限公司。

全球水电装机保持平稳增长。2006—2015年，全球水电装机由8.9亿千瓦增至12.1亿千瓦，年均增长3.4%。

全球水电装机的40%以上分布在亚太地区。2014年，中国水电装机容量超过欧洲。截至2015年底，亚太、欧洲和北美地区水电装机分别占全球水电装机的42.4%、24.5%和16.1%。

中国水电装机居全球首位。2015年，中国水电装机达3.2亿千瓦，约占全球水电装机的27%，分别约为美国（1.0亿千瓦）、巴西（0.9亿千瓦）的3.1、3.5倍。

（二）发电量

表1-38　2006—2015年分地区水电发电量

单位：亿千瓦·时

年份 地区	2006	2010	2011	2012	2013	2014	2015	结构（%）		增速（%）
								2006	2015	2006—2015
北美	7010	6749	7566	7105	7100	7030	6864	22.4	16.9	-0.2
美国	3177	2863	3446	2983	2901	2815	2726	10.2	6.7	-1.7
加拿大	3530	3515	3758	3803	3919	3826	3831	11.3	9.4	0.9
墨西哥	304	371	362	319	280	389	306	1.0	0.8	0.1
中南美	6449	6916	7347	7216	7009	6822	6754	20.7	16.6	0.5
巴西	3488	4033	4283	4153	3910	3734	3609	11.2	8.9	0.4
阿根廷	347	311	293	275	334	332	339	1.1	0.8	-0.2
其他	2615	2572	2770	2788	2765	2756	2805	8.4	6.9	0.8
欧洲	7764	8639	7809	8408	8939	8717	8585	24.9	21.2	1.1
英国	84	67	86	83	76	88	94	0.3	0.2	1.2
法国	617	675	499	636	759	686	597	2.0	1.5	-0.4
德国	268	274	235	278	288	254	251	0.9	0.6	-0.7
意大利	434	544	478	439	547	603	457	1.4	1.1	0.6
西班牙	298	455	329	242	411	430	306	1.0	0.8	0.3
其他	6062	6624	6182	6731	6859	6656	6880	19.4	17.0	1.4
亚太	8765	11774	12133	13838	14543	16147	16821	28.1	41.5	7.5
澳大利亚	160	135	168	141	183	184	175	0.5	0.4	1.0
中国	4181	695	7002	8633	9022	10601	11130	13.4	27.4	11.5
印度	1170	1194	1356	1295	1397	1342	1276	3.7	3.2	1.0
日本	1217	1029	1024	1017	1047	1073	1170	3.9	2.9	-0.4
韩国	75	101	121	124	140	145	110	0.2	0.3	4.3
其他	1962	8619	2461	2628	2755	2802	2960	6.3	7.3	4.7
中东	293	180	206	261	273	264	327	0.9	0.8	1.2
非洲	949	1116	1145	1150	1206	1219	1219	3.0	3.0	2.8
埃及	129	129	130	129	131	134	134	0.4	0.3	0.4
其他	820	987	1015	1021	1075	1086	1085	2.6	2.7	3.2
世界	31232	35374	36205	37979	39070	40198	40569	100.0	100.0	2.9

数据来源：国际可再生能源署、英国石油公司、中国电力企业联合会、国网能源研究院有限公司。

全球水电发电量慢于装机增速。2006—2015年，全球水电发电量由3.1万亿千瓦·时增至4.1万亿千瓦·时，年均增长2.9%，慢于装机增速0.5个百分点。

全球水电发电量的40%以上集中于亚太地区。2015年，亚太、欧洲和北美地区水电发电量分别达16821亿、8585亿、6864亿千瓦·时，分别占全球水电发电量的41.8%、21.4%和17.1%。

中国水电发电量位居世界首位。2015年，中国水电发电量为1.1万亿千瓦·时，占全球水电总发电量的27.4%，超过除亚太以外的其他五个地区各自的水电发电量。

6.2　核电

（一）装机容量

表1-39　2006—2015年分地区核电装机容量

单位：万千瓦

地区＼年份	2006	2010	2011	2012	2013	2014	2015	结构（%）2006	结构（%）2015	增速（%）2006—2015
北美	11216	11522	11525	11735	11425	11391	11414	30.4	29.8	0.2
美国	9825	10123	10161	10222	9910	9876	9899	26.6	25.9	0.1
加拿大	1260	1268	1204	1353	1355	1355	1355	3.4	3.5	0.8
墨西哥	131	131	160	160	160	160	160	0.4	0.4	2.2
中南美	284	284	284	284	284	353	353	0.8	0.9	2.5
巴西	190	190	190	190	190	190	190	0.5	0.5	0.0
阿根廷	94	94	94	94	94	163	163	0.3	0.4	6.3
欧洲	17034	17160	16423	16307	16327	16427	16217	46.2	42.4	-0.5
欧盟	13006	12984	12139	12023	12034	12032	11741	35.3	30.7	-1.1
英国	1098	1096	1075	1004	1004	1004	888	3.0	2.3	-2.3
法国	6347	6313	6313	6313	6313	6313	6313	17.2	16.5	-0.1
德国	2030	2034	1200	1200	1200	1200	1073	5.5	2.8	-6.8
西班牙	744	745	745	700	700	700	700	2.0	1.8	-0.7
俄罗斯	2174	2308	2416	2416	2425	2526	2605	5.9	6.8	2.0
其他	4640	4664	4674	4674	4685	4684	4638	12.6	12.1	0.0
亚太	7680	8084	8042	8321	8723	8835	9503	20.8	24.8	2.4
中国	759	1023	1188	1292	1602	1910	2685	2.1	7.0	15.1
印度	358	418	439	439	530	530	530	1.0	1.4	4.5
日本	4770	4735	4464	4440	4440	4257	4048	12.9	10.6	-1.8
韩国	1753	1868	1879	2079	2079	2066	2168	4.8	5.7	2.4
其他	40	40	73	73	73	73	73	0.1	0.2	6.8
中东	0	0	92	92	92	92	92	0.0	0.2	—
非洲	184	180	180	180	183	183	183	0.5	0.5	-0.1
南非	184	180	180	180	183	183	183	0.5	0.5	-0.1
世界	36886	37722	37037	37411	37526	37773	38255	100.0	100.0	0.4
OECD	30870	31300	30198	30468	30169	29938	29570	83.7	77.3	-0.5
非OECD	6016	6422	6839	6943	7357	7835	8685	16.3	22.7	4.2

数据来源：联合国、世界核能协会、中国电力企业联合会。

全球核电装机基本稳定，增量主要来自发展中国家。2006—2015年，全球核电装机从3.7亿千瓦增至3.8亿千瓦，OECD国家减少1300万千瓦，非OECD国家增加2669万千瓦。

全球核电装机主要分布在欧洲、北美和亚太地区。截至2015年底，欧洲、北美和亚太地区的核电装机分别占全球核电装机的42.4%、29.8%和24.8%；美国、法国、日本分列前三位，装机容量分别为9899万、6313万、4048万千瓦。

中国核电装机居世界第四位。2006—2015年，中国核电装机从759万千瓦增至2685万千瓦，年均增长15.1%，增速居全球首位；占全球核电装机的比重从2.1%增至7.0%。

（二）发电量

表1-40　2006—2015年分地区核电发电量

单位：亿千瓦·时

地区＼年份	2006	2010	2011	2012	2013	2014	2015	结构（%） 2006	结构（%） 2015	增速（%） 2006—2015
北美	8900	8982	8880	8682	8959	9065	9048	33.5	37.1	0.2
美国	7872	8071	7904	7707	7902	7986	7980	29.6	32.7	0.2
加拿大	924	855	883	891	943	986	956	3.5	3.9	0.4
墨西哥	104	56	93	84	114	93	112	0.4	0.5	0.8
中南美	202	206	207	211	195	198	204	0.8	0.8	0.1
巴西	130	139	148	152	138	145	139	0.5	0.6	0.7
阿根廷	72	67	59	59	57	53	65	0.3	0.2	-1.1
欧洲	11968	11422	11365	11162	11004	11142	11052	45.0	45.3	-0.9
欧盟	9264	8566	8468	8237	8187	8184	8002	34.9	32.8	-1.6
英国	692	569	627	640	641	579	639	2.6	2.6	-0.9
法国	4287	4101	4235	4074	4059	4180	4190	16.1	17.2	-0.3
德国	1587	1330	1023	941	921	918	868	6.0	3.6	-6.5
西班牙	574	593	551	587	543	549	548	2.2	2.2	-0.5
俄罗斯	1443	1594	1620	1663	1618	1691	1828	5.4	7.5	2.7
其他	1261	1263	1277	1262	1199	1267	1222	4.7	5.0	-0.3
亚太	5409	5561	4193	3268	3257	3520	3964	18.9	16.2	-3.6
中国	518	710	826	927	1048	1238	1612	1.9	6.6	13.4
印度	156	205	289	297	300	332	346	0.6	1.4	9.3
日本	2915	2803	1562	172	139	0	43	11.0	0.0	-37.4
韩国	1412	1419	1478	1435	1325	1492	1572	5.3	6.4	1.2
其他	408	424	38	437	445	458	391	0.1	1.6	5.7
中东	0	0	0	13	39	37	32	0.0	0.0	—
非洲	101	129	129	124	136	148	110	0.4	0.5	1.0
南非	101	129	129	124	136	148	110	0.4	0.5	1.0
世界	26580	26300	23180	23460	23590	24110	24410	100.0	100.0	-0.9
OECD	22567	21921	20531	18663	18765	18896	18783	84.9	76.9	-2.0
非OECD	4013	4380	4649	4797	4825	5214	5627	15.1	23.1	3.8

数据来源：联合国、世界核能协会、英国石油公司、国网能源研究院有限公司。

全球核电发电量未恢复到福岛核事故前水平。2006—2010年，全球核电发电量基本平稳；受福岛核事故影响，全球核电发电量由2010年的2.6万亿千瓦·时降至2015年的2.4万亿千瓦·时。

全球核电发电量主要集中在欧洲和北美地区。2015年，欧洲和北美地区核电发电量占全球的80%以上。其中，美国、法国核电发电量分别为7980亿、4190亿千瓦·时，占全球的32.7%、17.2%。

日本核电发电量大幅下降。受福岛核事故影响，2011年日本核电发电量骤降至1562亿千瓦·时，2014年日本核电站全部暂停运行，2015年部分启用。

中国核电发电量高速增长。2006—2015年，中国核电发电量从518亿千瓦·时增至1612亿千瓦·时，年均增长13.4%，增速居全球首位；占全球核电发电量的比重从1.9%增至6.6%。

6.3　风电

（一）装机容量

表1-41　2006—2015年分地区风电装机容量

单位：万千瓦

地区＼年份	2006	2010	2011	2012	2013	2014	2015	结构（%）		增速（%）
								2006	2015	2006—2015
北美	1285	4362	5154	6869	6990	7650	8686	17.5	20.9	23.7
美国	1133	3914	4568	5908	5997	6423	7258	15.5	17.4	22.9
加拿大	142	397	527	780	780	969	1121	1.9	2.7	25.8
墨西哥	10	52	60	182	212	257	307	0.1	0.7	46.2
中南美	41	149	217	363	487	858	1242	0.6	3.0	46.0
巴西	24	93	143	251	346	596	872	0.3	2.1	49.3
阿根廷	3	3	6	14	19	27	28	0.0	0.1	29.1
其他	15	53	68	99	122	235	342	0.2	0.8	42.0
欧洲	4805	8645	9670	10956	12208	13423	14889	65.6	35.7	13.4
英国	196	540	647	890	1122	1299	1419	2.7	3.4	24.6
法国	141	591	668	752	820	907	1036	1.9	2.5	24.8
德国	2057	2718	2906	3130	3466	3919	4495	28.1	10.8	9.1
意大利	190	579	692	810	854	868	913	2.6	2.2	19.0
西班牙	1172	2069	2153	2279	2296	2298	2301	16.0	5.5	7.8
其他	1049	2147	2605	3094	3650	4132	4726	14.3	11.3	18.2
亚太	1157	5022	7053	8860	10499	12836	16503	15.8	39.6	34.3
澳大利亚	82	186	213	256	322	380	419	1.1	1.0	19.9
中国	267	3141	4805	6296	7656	9637	12934	3.6	31.0	53.9
印度	627	1307	1608	1842	2015	2247	2509	8.6	6.0	16.7
日本	131	233	254	261	266	279	304	1.8	0.7	9.8
韩国	18	38	43	49	56	61	87	0.2	0.2	19.3
其他	197	116	131	156	184	232	251	2.7	0.6	2.7
中东	7	11	11	11	11	13	25	0.1	0.1	15.7
非洲	33	86	100	113	152	246	314	0.4	0.8	28.7
南非	0	1	1	1	4	57	105	0.0	0.3	91.8
埃及	23	55	55	55	55	61	61	0.3	0.1	11.4
其他	9	30	44	57	93	128	148	0.1	0.4	36.2
世界	7328	18274	22205	27171	30346	35024	41658	100.0	100.0	21.3

数据来源：国际可再生能源署、中国电力企业联合会、国网能源研究院有限公司。

全球风电装机已超过核电。2006—2015年，全球风电装机由0.7亿千瓦增至4.2亿千瓦，超过核电装机规模（3.8亿千瓦），风电装机年均增长21.3%。

全球风电装机主要分布在亚太、欧洲和北美地区。截至2015年底，亚太、欧洲和北美地区风电装机分别占全球风电装机的39.6%、35.7%和20.9%。

中国风电装机居全球首位。2006—2015年，中国风电装机从267万千瓦增至1.3亿千瓦，年均增长53.9%，占全球风电装机的比重从3.6%增至31.0%。截至2015年底，中国风电装机分别约为美国（7258万千瓦）、德国（4495万千瓦）的1.8、2.9倍。

（二）发电量

表1-42　2006—2015年分地区风电发电量

单位：亿千瓦·时

地区＼年份	2006	2010	2011	2012	2013	2014	2015e	结构（%）2006	结构（%）2015	增速（%）2006—2015
北美	292	1051	1327	1569	1919	2129	2284	22.4	27.2	25.7
美国	267	951	1209	1419	1697	1839	1933	20.4	23.0	24.6
加拿大	25	87	102	113	180	225	269	1.9	3.2	30.4
墨西哥	1	12	16	37	42	64	82	0.0	1.0	72.7
中南美	8	35	44	79	103	187	317	0.6	3.8	50.1
巴西	2	22	27	51	66	122	217	0.2	2.6	65.2
阿根廷	1	0	0	4	5	6	6	0.1	0.1	26.9
其他	5	13	17	25	32	58	93	0.4	1.1	38.1
欧洲	832	1533	1859	2138	2470	2667	3299	63.7	39.3	16.5
英国	42	103	157	198	284	320	404	3.2	4.8	28.5
法国	22	99	121	149	160	172	215	1.7	2.6	29.0
德国	307	378	489	507	517	574	880	23.5	10.5	12.4
意大利	30	91	99	134	149	152	147	2.3	1.8	19.4
西班牙	233	443	429	495	556	520	491	17.8	5.9	8.6
其他	198	419	565	655	803	929	1162	15.1	13.9	21.8
亚太	165	790	1080	1440	1850	2103	2416	12.6	28.8	34.8
澳大利亚	9	51	61	70	80	103	113	0.7	1.3	32.4
中国	28	490	715	1028	1393	1583	1833	2.1	21.9	59.1
印度	93	195	240	274	300	335	373	7.1	4.4	16.6
日本	13	19	19	20	21	22	24	1.0	0.3	6.7
韩国	3	7	7	9	10	11	14	0.2	0.2	17.7
其他	18	29	37	39	47	50	60	1.4	0.7	14.3
中东	1	2	2	2	2	3	4	0.1	0.0	12.8
非洲	8	20	24	28	35	51	69	0.6	0.8	27.0
埃及	6	12	15	16	13	13	14	0.4	0.2	10.6
其他	2	9	9	13	22	37	55	0.2	0.7	41.4
世界	1306	3431	4336	5257	6379	7138	8389	100.0	100.0	23.0

数据来源：国际可再生能源署、英国石油公司、中国电力企业联合会、国网能源研究院有限公司。

全球风电发电量快速增长。2006—2015年，全球风电发电量由1306亿千瓦·时增至8389亿千瓦·时，年均增长23.0%。

全球风电发电量的95%以上集中于亚太、欧洲和北美。2015年，亚太、欧洲和北美地区风电发电量分别达2416亿、3299亿、2284亿千瓦·时，占全球风电发电量的28.8%、39.3%和27.2%；其中，美国、中国风电发电量位居世界前两位，分别为1933亿、1833亿千瓦·时。

中国风电发电量居世界第二位。2006—2015年，中国风电发电量从28亿千瓦·时增至1833亿千瓦·时，超过核电发电量（1612亿千瓦·时），仅低于美国，年均增长59.1%；占全球风电发电量的比重从2.1%增至21.9%。

6.4 太阳能发电

（一）装机容量

表1-43 2006—2015年分地区太阳能发电装机容量

单位：万千瓦

地区\年份	2006	2010	2011	2012	2013	2014	2015	结构（%）		增速（%）
								2006	2015	2006—2015
北美	114	363	618	988	1432	1849	2660	17.5	11.9	42.0
美国	110	338	564	861	1305	1655	2396	16.9	10.7	40.8
加拿大	2	22	50	121	121	184	244	0.3	1.1	69.6
墨西哥	2	3	4	5	7	10	20	0.2	0.1	32.5
中南美	1	9	13	28	38	71	199	0.1	0.9	84.6
巴西	—	0	0	0	1	2	2	—	0.0	—
其他	1	8	13	28	38	69	197	0.1	0.9	84.3
欧洲	333	3029	5289	7164	8352	9102	9900	51.3	44.2	45.8
英国	3	13	22	44	76	106	136	0.5	0.6	52.8
法国	2	104	280	397	465	565	655	0.2	2.9	96.5
德国	290	1755	2504	3264	3634	3824	3964	44.6	17.7	33.7
意大利	5	348	1278	1643	1843	1862	1892	0.7	8.4	95.7
西班牙	18	465	550	665	709	709	713	2.8	3.2	50.5
其他	16	344	656	1153	1627	2037	2540	2.5	11.3	75.4
亚太	196	577	1147	1922	4024	6440	9405	30.1	42.0	53.8
澳大利亚	6	40	140	244	326	401	503	0.9	2.2	63.3
中国	8	80	331	681	1746	2806	4319	1.2	19.3	101.2
印度	1	4	57	128	232	326	517	0.1	2.3	116.2
日本	171	362	491	663	1364	2330	3330	26.3	14.9	39.1
韩国	4	65	73	96	147	248	317	0.6	1.4	64.5
其他	7	26	56	110	208	328	419	1.0	1.9	58.6
中东	0	3	4	6	18	20	21	0.0	0.1	68.1
非洲	6	24	39	45	59	143	209	1.0	0.9	47.9
南非	2	2	7	7	15	92	127	0.2	0.6	62.6
其他	5	21	32	38	44	51	82	0.7	0.4	37.8
世界	649	4005	7110	10153	13924	17624	22395	100.0	100.0	48.2

数据来源：国际可再生能源署、中国电力企业联合会、国网能源研究院有限公司。

全球太阳能发电装机高速增长。2006—2015年，全球太阳能发电装机由649万千瓦增至2.2亿千瓦，年均增长48.2%。

全球太阳能发电装机主要分布在欧洲和亚太地区。截至2015年底，欧洲、亚太地区的太阳能发电装机分别达到9900万、9405万千瓦，分别占全球太阳能发电装机的44.2%和42.0%。

中国太阳能发电装机跃居全球首位。2015年，中国太阳能发电装机达4319万千瓦，超越德国，成为全球太阳能发电装机最大的国家。

（二）发电量

表1-44　2006—2015年分地区太阳能发电量

单位：亿千瓦·时

地区＼年份	2006	2010	2011	2012	2013	2014	2015e	结构（%）2006	结构（%）2015	增速（%）2006—2015
北美	13	41	65	105	175	266	377	21.4	14.3	45.1
美国	13	39	62	101	159	246	349	20.9	13.2	44.3
加拿大	0	1	3	3	15	18	24	0.3	0.9	69.6
墨西哥	0	0	0	1	1	2	4	0.2	0.1	48.4
中南美	0	1	1	4	6	12	27	0.1	1.0	88.3
巴西	—	0	0	0	0	1	2	—	0.1	—
其他	0	1	1	3	6	11	25	0.1	1.0	87.2
欧洲	25	234	476	720	870	995	1123	41.2	42.6	52.4
英国	0	1	2	3	5	8	16	0.4	0.6	59.1
法国	0	6	21	40	47	59	74	0.2	2.8	104.2
德国	22	117	196	264	310	361	384	36.1	14.6	37.3
意大利	0	19	108	189	216	223	252	0.6	9.6	107.7
西班牙	1	72	94	120	131	137	139	1.9	5.3	69.7
其他	1	19	55	105	161	207	235	2.0	8.9	79.2
亚太	22	61	109	181	348	670	1064	36.0	40.4	53.8
澳大利亚	1	4	15	26	38	49	60	1.5	2.3	59.1
中国	0	5	18	41	85	250	424	0.8	16.1	112.5
印度	0	1	8	19	35	49	74	0.1	2.8	116.8
日本	19	41	56	76	155	265	421	31.6	16.0	40.7
韩国	0	7	8	11	16	27	41	0.1	1.5	115.9
其他	1	2	4	9	19	29	46	1.9	1.8	50.2
中东	0	1	3	5	7	12	16	0.0	0.6	110.1
非洲	1	3	6	8	10	20	29	1.4	1.1	48.4
南非	0	0	1	1	2	11	19	0.3	0.7	66.7
其他	1	2	5	7	8	9	10	1.1	0.4	36.1
世界	62	340	660	1022	1415	1974	2636	100.0	100.0	51.8

数据来源：国际可再生能源署、英国石油公司、中国电力企业联合会、国网能源研究院有限公司。

全球太阳能发电量增长42倍。2006—2015年，全球太阳能发电量由62亿千瓦·时增至2636亿千瓦·时，年均增长51.8%，增速远高于其他电源。

欧洲和亚太地区太阳能发电量占全球的80%以上。2015年，欧洲、亚太地区的太阳能发电量分别达到1123亿、1064亿千瓦·时，占全球太阳能发电量的42.6%和40.4%。

中国太阳能发电量居全球首位。2015年，中国太阳能发电量为424亿千瓦·时，占全球太阳能发电量比重达到16.1%，超越德国成为全球太阳能发电量最高的国家。

6.5 生物质发电

（一）装机容量

表1-45 2006—2015年分地区生物质发电装机容量

单位：万千瓦

地区＼年份	2006	2010	2011	2012	2013	2014	2015	结构（%） 2006	结构（%） 2015	增速（%） 2006—2015
北美	1063	1186	1180	1256	1370	1440	1455	21.5	14.1	3.5
美国	914	1042	1051	1124	1231	1244	1248	18.5	12.1	3.5
加拿大	100	103	91	88	88	134	137	2.0	1.3	3.5
墨西哥	49	41	38	45	52	62	70	1.0	0.7	4.1
中南美	560	1267	1413	1546	1802	1860	1994	11.4	19.4	15.2
巴西	369	953	1082	1172	1370	1479	1589	7.5	15.5	17.6
其他	191	314	331	374	433	381	406	3.9	3.9	8.7
欧洲	2078	2794	3092	3301	3389	3573	3719	42.1	36.2	6.7
英国	167	209	311	299	365	405	446	3.4	4.3	11.5
法国	67	93	94	100	102	112	127	1.4	1.2	7.4
德国	428	661	726	766	838	898	913	8.7	8.9	8.8
意大利	115	218	263	356	376	377	383	2.3	3.7	14.3
西班牙	64	86	88	97	99	102	99	1.3	1.0	4.9
俄罗斯	127	120	120	120	120	137	137	2.6	1.3	0.9
其他	1110	1408	1491	1564	1489	1543	1614	22.5	15.7	4.2
亚太	1162	1881	2092	2303	2485	2792	2998	23.6	29.2	11.1
澳大利亚	83	83	83	83	82	82	82	1.7	0.8	0.0
中国	250	550	700	770	868	948	1032	5.1	10.0	17.1
印度	127	315	376	428	469	515	561	2.6	5.5	17.9
日本	329	364	381	383	397	402	408	6.7	4.0	2.4
韩国	11	17	17	22	31	183	194	0.2	1.9	38.0
印尼	108	186	190	191	148	174	174	2.2	1.7	5.4
其他	255	367	346	426	491	487	548	5.2	5.3	8.9
中东	0	1	4	4	4	4	4	0.0	0.0	29.9
非洲	70	84	93	103	106	109	113	1.4	1.1	5.4
南非	24	25	25	26	26	26	26	0.5	0.3	1.0
其他	46	58	68	78	81	84	86	0.9	0.8	7.2
世界	4934	7212	7874	8513	9157	9778	10282	100.0	100.0	8.5

数据来源：国际可再生能源署、中国电力企业联合会、国网能源研究院有限公司。

全球生物质发电装机占总装机的比重略有上升。2006—2015年，全球生物质发电装机由4934万千瓦增至10282万千瓦，占总装机的比重由1.1%增至1.6%。

全球生物质发电装机集中在欧美和亚太。截至2015年底，欧洲、美洲和亚太地区生物质发电装机各占全球的1/3左右。

美国和巴西生物质发电装机居世界前列。截至2015年底，巴西和美国生物质发电装机分别为1589万、1248万千瓦，居世界前两位，占全球生物质发电装机的15.5%、12.1%。

中国生物质发电装机居世界第三位。截至2015年底，中国生物质发电装机为1032万千瓦，占全球生物质发电装机的10.0%。

（二）发电量

表1-46　2006—2015年分地区生物质发电量

单位：亿千瓦·时

地区＼年份	2006	2010	2011	2012	2013	2014	2015[e]	结构（%） 2006	结构（%） 2015	增速（%） 2006—2015
北美	667	683	689	700	732	774	784	31.9	18.6	1.8
美国	588	617	623	641	669	708	718	28.2	17.1	2.2
加拿大	55	58	59	50	50	52	52	2.7	1.2	－0.8
墨西哥	23	7	6	9	12	14	14	1.1	0.3	－5.5
中南美	200	412	444	483	553	594	634	9.6	15.1	13.7
巴西	136	313	319	351	401	452	490	6.5	11.7	15.3
其他	64	99	125	132	152	142	144	3.1	3.4	9.4
欧洲	791	1261	1356	1519	1611	1711	1790	37.9	42.6	9.5
英国	93	121	136	153	188	234	299	4.4	7.1	13.9
法国	34	44	50	49	48	49	53	1.6	1.3	5.2
德国	187	343	376	446	466	494	501	9.0	11.9	11.6
意大利	51	94	108	125	171	187	190	2.4	4.5	15.7
西班牙	28	40	46	50	58	54	53	1.3	1.3	7.6
俄罗斯	0	0	0	0	0	0	0	0.0	0.0	－3.5
其他	398	618	640	695	681	692	693	19.1	16.5	6.4
亚太	415	717	818	860	964	894	965	19.9	23.0	9.8
澳大利亚	39	28	21	30	32	35	35	1.9	0.8	－1.2
中国	70	248	315	315	383	229	261	3.4	6.2	15.7
印度	42	107	128	147	162	180	196	2.0	4.7	18.6
日本	144	159	167	168	174	176	182	6.9	4.3	2.6
韩国	3	5	5	7	9	56	56	0.2	1.3	37.0
印尼	48	71	79	82	82	86	87	2.3	2.1	6.8
其他	68	99	103	111	122	133	148	3.3	3.5	9.0
中东	0	0	1	2	1	1	2	0.0	0.0	44.0
非洲	15	18	19	20	21	22	29	0.7	0.7	8.1
南非	0	1	1	1	1	1	1	0.0	0.0	—
其他	15	17	19	19	20	21	29	0.7	0.7	7.8
世界	2087	3090	3328	3583	3882	3995	4205	100.0	100.0	8.1

数据来源：国际可再生能源署、英国石油公司、中国电力企业联合会、国网能源研究院有限公司。

全球生物质发电量增速约是总发电量的2.7倍。2006—2015年，全球生物质发电量年均增长8.1%，较全球总发电量增速高5.1个百分点。

全球生物质发电量在总发电量中的比重较低。2006—2015年，全球生物质发电量由2087亿千瓦·时增至4205亿千瓦·时，占全球总发电量的比重由1.1%增至1.7%。

全球生物质发电量的增量主要来自亚太和欧洲。2006—2015年，欧洲、亚太生物质发电量分别增加999亿、550亿千瓦·时，贡献全球增量的47.2%、26.0%。

中国生物质发电量居全球第四位。2006—2015年，中国生物质发电量从70亿千瓦·时增至261亿千瓦·时，年均增长15.7%，占全球生物质发电量的比重从3.4%增至6.2%。

7　碳排放[1]

（一）二氧化碳排放总量

表1-47　1980—2015年分地区二氧化碳排放总量

单位：亿吨二氧化碳

地区＼年份	1980	1990	2000	2005	2010	2011	2012	2013	2014	2015[e]	结构（%）		增速（%）
											1980	2015	1980—2015
北美	54.9	57.5	67.6	68.6	65.1	64.0	63.0	63.7	64.5	62.9	29.3	18.4	0.4
美国	48.2	50.2	58.5	58.8	55.0	53.6	52.4	53.1	53.9	52.6	25.7	15.4	0.2
加拿大	4.4	4.4	5.4	5.6	5.6	5.7	5.8	5.9	5.9	5.8	2.3	1.7	0.8
墨西哥	2.3	2.9	3.7	4.2	4.6	4.7	4.8	4.8	4.7	4.5	1.2	1.3	1.9
中南美	5.8	6.4	8.9	9.8	11.9	12.1	12.6	12.9	13.3	13.2	3.1	3.9	2.4
巴西	1.8	2.1	3.2	3.4	4.0	4.2	4.5	4.8	5.0	5.0	1.0	1.5	3.0
阿根廷	1.0	1.1	1.4	1.6	1.9	1.9	1.9	1.9	2.0	2.0	0.5	0.6	2.0
其他	2.9	3.3	4.3	4.9	6.0	6.0	6.2	6.2	6.3	6.3	1.5	1.8	2.2
欧洲	78.6	82.1	65.5	67.9	66.0	66.1	66.3	64.7	61.8	61.8	42.0	18.1	-0.7
欧盟	—	41.4	39.3	40.5	37.3	35.7	35.3	34.4	32.6	33.2	—	9.7	—
英国	5.9	5.7	5.5	5.5	4.9	4.5	4.8	4.6	4.2	4.0	3.2	1.2	-1.1
法国	4.8	3.6	3.8	3.9	3.5	3.2	3.3	3.3	3.0	3.1	2.6	0.9	-1.2
德国	10.8	9.7	8.4	8.1	7.7	7.4	7.6	7.7	7.4	7.4	5.8	2.2	-1.1
意大利	3.5	3.9	4.4	4.6	4.0	3.9	3.7	3.4	3.2	3.4	1.9	1.0	-0.1
西班牙	2.0	2.2	2.9	3.5	2.7	2.8	2.7	2.5	2.4	2.6	1.1	0.8	0.8
俄罗斯	—	23.5	15.4	15.7	16.3	17.3	17.7	17.3	16.7	16.4	—	4.8	—
其他	—	17.1	10.7	11.6	12.4	13.1	13.3	13.1	12.6	12.3	—	3.6	—
亚太	35.2	52.7	77.2	105.2	138.7	147.8	152.1	156.9	159.7	161.5	18.8	47.3	4.4
澳大利亚	2.2	2.6	3.4	3.7	4.0	3.9	4.0	3.9	3.8	3.8	1.2	1.1	1.6
中国	14.7	23.0	34.3	55.9	81.7	89.1	91.1	94.8	95.6	95.1	7.8	27.8	5.5
印度	2.7	5.6	9.3	11.4	16.6	17.5	18.7	19.3	20.9	21.9	1.4	6.4	6.2
日本	9.5	11.1	12.3	12.7	11.7	12.2	12.6	12.8	12.3	12.1	5.1	3.5	0.7
韩国	1.2	2.5	4.6	5.0	6.0	6.3	6.3	6.3	6.3	6.6	0.6	1.9	5.0
印尼	0.7	1.5	2.8	3.4	4.0	4.1	4.1	4.3	4.6	4.7	0.4	1.4	5.6
其他	4.2	6.6	10.5	13.0	14.8	14.8	15.2	15.6	16.2	17.3	2.2	5.1	4.1
中东	3.1	5.7	9.6	12.4	16.0	16.5	17.3	17.8	18.6	19.3	1.7	5.7	5.4
非洲	4.3	6.2	7.5	9.5	10.8	10.8	11.3	11.5	11.8	11.9	2.3	3.5	3.0
南非	2.3	3.1	3.5	4.3	4.6	4.4	4.5	4.7	4.8	4.6	1.2	1.4	2.0
埃及	0.4	0.9	1.0	1.5	1.9	1.9	2.0	1.9	1.8	1.9	0.2	0.5	4.6
其他	1.6	2.2	2.9	3.6	4.4	4.4	4.8	5.0	5.2	5.4	0.9	1.6	3.5
国际航空	2.1	2.7	3.6	4.3	4.7	4.9	4.9	5.0	5.2	5.3	1.1	1.6	2.7
国际水运	3.4	3.6	4.8	5.5	6.4	6.4	5.8	5.9	6.0	6.1	1.8	1.8	1.7
世界	187.3	216.8	244.5	283.3	319.6	328.5	333.4	338.4	340.9	341.7	100.0	100.0	1.7
OECD	110.9	114.8	129.8	133.3	127.7	125.8	125.3	125.2	123.7	122.7	59.2	35.9	0.3
非OECD	71.0	95.7	106.4	140.1	180.8	191.4	197.3	202.3	206.0	207.7	37.9	60.8	3.1

数据来源：国际能源署、政府间气候变化专门委员会、英国石油公司、国网能源研究院有限公司。

全球碳排放增速低于一次能源消费增速。1980—2015年，全球化石能源消费产生的CO_2排放由187亿吨增至342亿吨，年均增长1.7%，增速略低于一次能源消费增速。

发达国家碳排放于2005年达峰后下降，非OECD国家CO_2排放持续快速增长。1980—2005年，OECD国家的CO_2排放由111亿吨增至133亿吨，2005年以后持续下降；非OECD国家CO_2排放由71亿吨增至208亿吨，年均增长3.1%。

多数发达国家CO_2排放已达峰。美国、日本、英国、法国等国家CO_2排放均已达峰，2000—2015年CO_2排放分别年均下降0.7%、0.1%、2.1%、1.4%。

[1] 只核算化石能源消费产生的CO_2，采用政府间气候变化专门委员会排放系数，对非能利用部分考虑了相应的储存和释放比例。

（二）人均碳排放

表1-48　1980—2015年分地区人均二氧化碳排放　　单位：吨二氧化碳

年份 地区	1980	1990	2000	2005	2010	2011	2012	2013	2014	2015[e]	增速（%） 1980—2015
北美	16.98	15.70	16.23	15.67	14.08	13.69	13.37	13.38	13.43	12.97	-0.8
美国	20.99	19.86	20.68	19.87	17.75	17.15	16.66	16.74	16.88	16.34	-0.7
加拿大	18.09	15.95	17.72	17.33	16.31	16.42	16.57	16.61	16.71	16.08	-0.3
墨西哥	3.31	3.35	3.56	3.84	3.85	3.94	3.96	3.84	3.71	3.55	0.2
中南美	1.96	1.77	2.11	2.17	2.47	2.48	2.57	2.60	2.65	2.61	0.8
巴西	1.50	1.37	1.80	1.79	2.00	2.09	2.22	2.35	2.44	2.39	1.3
阿根廷	3.65	3.26	3.89	3.98	4.54	4.57	4.58	4.49	4.66	4.67	0.7
其他	2.01	1.83	2.05	2.17	2.50	2.45	2.52	2.48	2.48	2.44	0.6
欧洲	9.90	9.75	7.60	7.79	7.45	7.43	7.42	7.22	6.87	6.86	-1.0
欧盟	—	10.75	10.18	10.40	9.48	9.08	9.00	8.80	8.35	8.51	—
英国	10.53	10.05	9.35	9.18	7.89	7.19	7.47	7.23	6.55	6.23	-1.5
法国	8.80	6.38	6.46	6.33	5.62	5.11	5.12	5.16	4.66	4.79	-1.7
德国	13.85	12.29	10.24	9.99	9.60	9.25	9.41	9.61	9.12	9.23	-1.2
意大利	6.30	6.78	7.61	7.89	6.70	6.52	6.19	5.67	5.38	5.69	-0.3
西班牙	5.26	5.53	7.23	7.90	5.86	5.92	5.85	5.30	5.27	5.64	0.2
俄罗斯	—	15.94	10.53	10.97	11.42	12.08	12.34	12.05	11.61	11.41	—
其他	—	5.54	3.26	3.43	3.55	3.71	3.71	3.61	3.44	3.33	—
亚太	1.44	1.78	2.25	2.90	3.63	3.83	3.90	3.98	4.02	4.02	3.0
澳大利亚	14.69	15.31	17.67	18.48	17.83	17.50	17.28	16.69	16.15	15.69	0.2
中国	1.51	1.99	2.70	4.28	6.09	6.61	6.72	6.96	6.98	6.91	4.4
印度	0.38	0.64	0.89	1.00	1.35	1.40	1.48	1.51	1.61	1.67	4.3
日本	8.17	9.07	9.78	10.02	9.18	9.56	9.87	10.04	9.71	9.57	0.5
韩国	3.33	5.78	10.03	10.52	12.20	12.70	12.77	12.66	12.58	13.21	4.0
印尼	0.47	0.82	1.30	1.51	1.64	1.66	1.67	1.69	1.81	1.83	4.0
其他	0.94	1.15	1.50	1.72	1.82	1.80	1.83	1.85	1.89	2.00	2.2
中东	3.48	4.49	5.92	6.85	7.75	7.85	8.07	8.13	8.34	8.51	2.6
非洲	0.89	0.98	0.92	1.03	1.03	1.01	1.03	1.02	1.02	1.00	0.3
南非	7.85	8.42	7.72	8.83	8.87	8.43	8.53	8.75	8.95	8.51	0.2
埃及	0.96	1.52	1.52	2.06	2.27	2.31	2.34	2.12	2.05	2.03	2.2
其他	0.39	0.41	0.42	0.46	0.48	0.48	0.50	0.50	0.51	0.52	0.8
世界	4.24	4.10	4.01	4.36	4.63	4.70	4.72	4.73	4.71	4.67	0.3
OECD	11.26	10.76	11.26	11.17	10.31	10.09	9.99	9.92	9.75	9.61	-0.5
非OECD	2.07	2.27	2.15	2.64	3.19	3.34	3.39	3.43	3.45	3.44	1.5

数据来源：联合国、国网能源研究院有限公司。

全球人均碳排放较快增长，近两年出现下降。1980—2015年，全球人均CO_2排放从4.2吨增至4.7吨，年均增长0.3%。2015年，全球人均CO_2排放较上年下降0.04吨，自2009年以来连续两年下降。

OECD国家人均碳排放持续下降，发展中国家人均碳排放持续增加。1980—2015年，OECD国家人均碳排放下降了15%，2015年仍高达9.6吨，约为非OECD国家的2.8倍；非OECD国家人均碳排放持续上升，增长了66%，2015年达3.4吨。

（三）碳排放强度

表1-49　1980—2015年分地区二氧化碳排放强度

单位：吨二氧化碳/万美元

地区＼年份	1980	1990	2000	2005	2010	2011	2012	2013	2014	2015[e]	增速（%）1980—2015
北美	7.02	5.37	4.53	4.06	3.70	3.56	3.43	3.41	3.38	3.22	-2.2
美国	7.38	5.54	4.60	4.08	3.68	3.52	3.37	3.37	3.34	3.18	-2.4
加拿大	5.68	4.35	4.05	3.67	3.45	3.40	3.41	3.38	3.35	3.22	-1.6
墨西哥	4.43	4.63	4.16	4.41	4.35	4.33	4.25	4.12	3.95	3.74	-0.5
中南美	2.73	2.89	3.04	2.89	2.84	2.77	2.83	2.80	2.98	2.98	0.3
巴西	1.81	1.74	2.06	1.90	1.80	1.83	1.92	1.99	2.09	2.14	0.5
阿根廷	4.52	5.48	4.74	4.65	4.39	4.21	4.31	4.17	4.49	4.44	-0.1
其他	3.32	3.92	3.94	3.81	3.91	3.71	3.71	3.58	3.88	3.75	0.3
欧洲	7.61	5.70	3.84	3.55	3.25	3.18	3.19	3.10	2.90	2.84	-2.8
欧盟	—	3.51	2.67	2.50	2.20	2.07	2.06	2.00	1.87	1.87	—
英国	4.90	3.56	2.68	2.35	2.06	1.85	1.92	1.83	1.62	1.51	-3.3
法国	3.19	1.90	1.63	1.52	1.34	1.20	1.20	1.21	1.09	1.12	-2.9
德国	5.31	3.78	2.69	2.53	2.26	2.10	2.13	2.17	2.03	2.02	-2.7
意大利	2.57	2.21	2.11	2.14	1.88	1.82	1.78	1.66	1.58	1.66	-1.2
西班牙	3.03	2.48	2.56	2.55	1.91	1.95	1.98	1.82	1.77	1.83	-1.4
俄罗斯	—	16.63	16.20	12.29	10.72	10.89	10.74	10.36	9.92	10.13	—
其他	—	14.34	7.91	7.14	6.75	6.74	6.75	6.41	5.79	5.13	—
亚太	6.73	6.60	6.79	7.48	7.69	7.82	7.69	7.57	7.36	7.08	0.1
澳大利亚	4.94	4.28	3.99	3.78	3.46	3.37	3.27	3.13	3.00	2.89	-1.5
中国	43.59	27.85	15.42	15.78	13.53	13.47	12.79	12.35	11.62	10.81	-3.9
印度	9.44	11.42	11.15	9.86	9.73	9.58	9.71	9.39	9.50	9.25	-0.1
日本	3.27	2.44	2.41	2.35	2.13	2.22	2.25	2.26	2.18	2.14	-1.2
韩国	8.36	6.59	6.52	5.60	5.47	5.52	5.46	5.28	5.10	5.25	-1.3
印尼	4.28	4.94	6.08	5.99	5.25	5.08	4.88	4.74	4.88	4.76	0.3
其他	4.38	7.78	8.70	8.69	8.25	7.90	7.87	7.75	7.41	7.10	1.4
中东	2.22	3.83	4.36	4.48	4.47	4.41	4.42	4.43	4.53	5.10	2.4
非洲	5.86	7.10	6.57	6.44	5.68	5.60	5.62	5.50	5.45	5.30	-0.3
南非	11.89	13.89	12.99	13.25	12.20	11.36	11.38	11.55	11.75	11.14	-0.2
埃及	7.88	9.60	7.62	9.51	8.50	8.67	8.81	7.98	7.74	7.50	-0.1
其他	3.25	3.97	4.03	3.70	3.33	3.38	3.46	3.42	3.39	3.41	0.1
世界	6.79	5.75	4.93	4.91	4.87	4.86	4.81	4.77	4.68	4.58	-1.1
OECD	4.99	3.98	3.47	3.21	2.93	2.84	2.80	2.76	2.68	2.59	-1.9
非OECD	13.21	10.84	8.70	8.67	8.18	8.19	8.04	7.87	7.74	7.64	-1.6

数据来源：联合国、国网能源研究院有限公司。

全球碳排放强度持续下降。1980—2015年，全球CO_2排放强度从6.8吨/万美元降至4.6吨/万美元，年均下降1.1%。

发展中国家碳排放强度高于发达国家。2015年非OECD国家CO_2排放强度为7.6吨/万美元，约为OECD国家的3倍。

中国、俄罗斯、南非碳排放强度远高于世界平均水平。2015年，中国、俄罗斯、南非碳排放强度分别为10.8、10.1、11.1吨/万美元，在主要国家中处于较高水平。

第二部分

全球能源发展展望

要 点

世界经济步入复苏轨道，以中国为代表的发展中国家是未来全球经济增长的主要引擎。经过十年来国际社会共同努力，世界经济从金融危机阴影中走出，复苏回暖态势不断稳固。2015—2050年，预计全球经济持续增长，年均增长3.2%，以中国为代表的发展中国家是全球经济增长的主要引擎。

消费减排和需求减量是实现2℃温升控制目标的全球共识，由此出发设计三个情景进行展望。一是高需求情景，能源需求持续较快增长，能源转型加快以实现减排目标；二是高能效情景，能源利用效率大幅提升，能源需求增长缓慢；三是自主减排情景，参考各国自主贡献承诺与可再生能源发展目标。

预计未来30年能源需求平稳增长，能源强度稳步下降。展望期内（非特别说明即为自主减排情景，下同），全球经济总量增长2倍，能源需求仅增长26%，从206亿吨标准煤增至260亿吨标准煤，年均增长0.7%；能源强度稳步下降，主要是能源利用效率持续提升，经济产业结构和能源消费结构不断优化。

全球能源需求增量主要来自发展中国家，2035年后印度取代中国成为全球能源需求增长的主要动力。展望期内，全球一次能源需求增量主要来自亚太和非洲，其中亚太贡献增量的66%，非洲贡献增量的19%。中国按“两步走”战略推进中国特色社会主义现代化建设，2035年后能源需求增速明显放缓，2050年为56.0亿吨标准煤，对全球增长的贡献率约24%。与中国形成鲜明对比，印度能源需求较快增长，2035年后取代中国成为全球能源需求增长的主要动力，对全球增长的贡献率约42%。

全球煤、油、气需求相继达峰，2030年前后非化石能源由增量替代转为存量替代。展望期内，全球煤炭需求2025年后脱离峰值平台期进入下行通道，石油需求受交通电气化进程加快影响于2030年前后达峰，而天然气需求于2035年前持续增长，2050年之后平缓下降。非化石能源快速增长，2050年在一次能源需求中的比重达到49%。

在发展中国家经济增长的拉动下，工业和交通占终端能源需求的比重略有提升。展望期内，全球终端能源需求在2040年前后达峰（158亿吨标准煤），2050年降至156亿吨标准煤，年均增长0.4%。发展中国家工业能源需求、交通能源需求较快增长，拉动工业、交通部门在全球终端能源需求中的比重略有提升。

“电为中心”是全球能源低碳转型的重要特征。一是发电能源在能源供应中占据主体地位。展望期内，发电能源占一次能源供应的比重由38%增至60%。煤电转变为具有深度调节能力的容量支撑电源，燃油发电基本退出，用于发电的化石能源占发电能源供应的比重由45%降至24%。二是电能2045年前后超过石油成为终端第一大能源主体。展望期内，终端煤炭需求持续萎缩，石油需求2035年后进入下降通道，天然气需求2035年后增长放缓，电力需求的增速远高于其他能源品种，占终端能源需求的比重由2015年的19.0%提高到2050年的39.8%，2045年前后超过石油成为终端第一大能源主体。

非水可再生能源发电逐步替代化石能源发电成为主力电源。自主减排情景下，全球发电装机由63亿千瓦增至216亿千瓦，2050年非水可再生能源发电装机占总装机的68%。高需求、高能效情景下，2050年发电总装机分别增至302亿、261亿千瓦，非水可再生能源发电装机占比分别为80%、78%。

电力需求增长远快于能源需求增长，是能源清洁转型、实现减排目标的重要途径。自主减排情景下，全球用电量由2015年的22万亿千瓦·时增至2050年的57万亿千瓦·时，年均增长2.8%，为一次能源需求增速的4倍。高需求、高能效情景下，2050年全球用电量分别增至73万亿、65万亿千瓦·时，电能占终端能源需求的比重分别达到49.6%、49.5%。

发展中国家是全球电力需求增长的主要动力，需求增量的2/3来自亚太和非洲。亚太地区用电量由9.7万亿千瓦·时增至27.9万亿千瓦·时，是需求增量最大的地区，贡献全球增量的52%，其中中国2050年电力需求达13.6万亿千瓦·时，占全球的23%。非洲是全球电力需求增长最快的地区，年均增长6.2%，电力需求由0.7万亿千瓦·时增至6.0万亿千瓦·时，贡献全球增量的近15%。

交通电气化进程推动用电结构持续调整。展望期内，工业用电占比由43%降至34%；交通用电需求增长31倍，增量主要来自电动汽车、电气化铁路和城市轨道交通；居民、商业及其他行业的电气化水平持续上升，2050年合计占总电力需求的比重为49%。

全球碳排放控制主要取决于可再生能源发展、储能、碳捕集、利用与封存技术。自主减排情景下，全球2050年CO_2排放达到274亿吨，较峰值下降约25%，累积排放超过2℃温升控制“碳预算”。高需求、高能效情景下，在可再生能源大规模发展、储能技术迅速突破推广、碳捕集、利用与封存技术广泛应用的推动下，展望期内全球CO_2累积排放可控制在“碳预算”内，有望实现2℃温升控制目标。

1 主要影响因素

（一）全球经济发展

世界经济步入复苏轨道，市场信心明显增强。2008年国际金融危机给世界经济造成深远影响，主要经济指标大幅下滑，发达国家经济遭受重创，发展中国家也难以独善其身。十年来，国际社会共同努力，积极推动世界经济步入复苏轨道，发达国家经济回暖态势趋于明显，发展中国家经济增长稳中向好。尽管目前仍面临风险和不确定性，但全球贸易和投资稳中有升，市场信心乐观向好，经济有望持续平稳增长。

以中国为代表的发展中国家是未来全球经济增长的主要引擎。回首过去数十年，经济全球化对世界经济发展做出了重要贡献，已成为不可逆转的时代潮流。展望未来三十年，经济全球化将朝着更加开放、包容、普惠、平衡、共赢的方向发展，发达国家经济维持平稳增长，以中国为代表的发展中国家经济保持较快增长，是未来全球经济增长的主要引擎。中国经济将继续发挥全球经济“稳定器”的作用，为世界经济发展做出建设性的突出贡献。

（二）全球应对气候变化

日益严重的气候变化问题要求加快能源转型。工业革命以来，持续增长的能源消费带来了严重的气候变化问题；若延续当前的经济发展模式和能源消费方式不改变，到2100年全球平均温度将上升超过4℃，成为人类无法承受之重。日益严重的气候变化问题得到世界各国的普遍关注，各国政府纷纷提出能源转型战略。美国的能源转型以保障能源安全和刺激经济增长为目标，以开发页岩油气为特色，鼓励提高能源利用效率和发展可再生能源。德国的能源转型确立了可再生能源在能源供应中的主导地位，通过逐步替代核能和传统化石能源建立起可靠、清洁和经济的能源供应体系。

《巴黎协定》开启全球共同应对气候变化新篇章。2016年11月，《巴黎气候变化协定》正式生效，为2020年后全球应对气候变化行动做出安排，核心目标是将2100年前全球平均温升控制在相对工业革命前水平的2℃以内，争取控制在1.5℃以内。当前，应对气候变化已成为国际社会的一致行动、能源行业的共同目标。美国特朗普政府上台后，美国宣布退出《巴黎协定》，给全球应对气候变化增加了巨大的不确定性；中国坚定不移地推动气候治理，继续履行大国责任担当，将在全球共同应对气候变化中发挥重要作用。

表2-1 部分国家和地区自主减排贡献承诺及实现措施[1]

国家	自主减排贡献承诺及实现措施
美国	◎**自主减排承诺**：2025年温室气体排放较2005年下降26%~28%，力争达到28%。（目前已宣布退出） ◎**可再生能源发展目标**：2020年可再生能源发电占比达20%。 ◎**美国能源优先发展战略**：降低天然气开采排放标准；支持水力压裂页岩气开采技术；发布《清洁煤发电计划》，对先进技术进行示范验证
加拿大	◎**自主减排承诺**：2030年温室气体排放较2005年下降30%。 ◎**《国家应对气候变化行动方案》(2014)**：2020年温室气体排放比2006年减少20%，90%的电力来自零排放能源。 ◎**《2030年能源政策》(2016)**：能效提高15%，减少40%石油产品消费量，淘汰燃煤火力发电，可再生能源比重提高25%，生物质能产量提高50%
巴西	◎**自主减排承诺**：2025年温室气体排放较2005年下降37%。 ◎**可再生能源发展目标**：2020年可再生能源占一次能源的比重达53%。 ◎**可再生能源激励政策（2013）**：电力购买协议（PPA）拍卖计划，替代能源发电计划，优先贷款和优先电力购买协议
欧盟成员国	◎**欧盟整体目标**：2030年各国温室气体排放较1990年至少减少40%。 ◎**英国**：2020年可再生能源发电量占比达到30%，可再生能源在电力、热力及交通领域中的占比分别提高到15%、12%和10%；2050年碳排放较1990年下降80%。（英国正处脱欧进程中，但能源转型目标未发生重大变化） ◎**法国**：2020年可再生能源占比从2005年的9.6%提高到2020年的23%，可再生能源在电力、热力及交通领域中的占比分别提高到27%、33%和10.5%。 ◎**德国**：可再生能源占终端能源消费的比重在2020年达到18%，2050年达到60%；可再生能源发电占比在2025年达到40%~45%，2050年达到80%
俄罗斯	◎**自主减排承诺**：2030年人类活动产生的CO_2排放较1990年下降70%~75%。 ◎**可再生能源发展目标**：2020年，可再生能源发电占比达到4.5%（不含大水电）
中国	◎**自主减排承诺**：CO_2排放于2030年前后达峰，并力争更早达峰；2030年单位国内生产总值CO_2排放较2005年下降60%~65%。 ◎**非化石能源发展目标**：2020年非化石能源占一次能源的比重达15%，2030年达20%左右
印度	◎**自主减排承诺**：2030年单位GDP排放强度较2005年降低33%~35%。 ◎**可再生能源发展目标**：2030年非化石能源发电装机占比达40%
日本	◎**自主减排承诺**：2030财年CO_2排放较2013财年下降26.0%，约10.4亿吨。 ◎**可再生能源发展目标**：2020年可再生能源占一次能源的比重达到10%；可再生能源占终端能源的比重达13.5%，2030年达到20%
韩国	◎**自主减排承诺**：2030年温室气体排放较基准情景（8.5亿吨CO_2）下降37%。 ◎**可再生能源发展目标**：2020年，可再生能源占一次能源的比重达到6.1%，2030年达到11%

[1] 基于世界能源研究所、国家可再生能源中心统计资料整理。

（三）中国经济社会发展

新时代新目标，开启中国发展新征程。面对中国经济发展步入新常态等一系列深刻变化，党的十九大规划了中国未来发展蓝图，提出了“两步走”发展目标。在2020年全面建成小康社会的基础上，乘势而上开启全面建设社会主义现代化国家新征程，在2035年基本实现社会主义现代化，在2050年建成富强民主文明和谐美丽的社会主义现代化强国。深化供给侧结构性改革，建设现代化经济体系，转变发展方式、优化产业结构、转换增长动力、加快技术创新，让中国制造更有质量，更加高效，实现从发展中国家走向现代化强国的奋斗目标。

能源革命推动清洁能源快速发展。2014年6月，中国国家主席习近平提出能源领域“四个革命、一个合作”的战略思想，为中国能源改革发展提供了指导思想和行动纲领；党的十九大报告提出“推进能源生产和消费革命，构建清洁低碳、安全高效的能源体系”。展望未来，清洁替代和电能替代将成为能源转型发展的主旋律。中国政府出台了财政补贴、节能环保、技术创新等一系列政策措施，推动风电、太阳能发电等新能源的大规模开发利用和电能对化石能源的深度替代，构建“以电为中心”的现代能源体系。全球能源互联网是优化配置全球能源资源的重要设施，习近平主席在2015年联合国发展峰会上提出“探讨构建全球能源互联网，推动以清洁和绿色方式满足全球电力需求”，未来清洁能源广泛开发、全球共享的大格局将逐步形成。

“一带一路”带来全球发展新机遇。2013年，中国国家主席习近平提出建设“新丝绸之路经济带”和“21世纪海上丝绸之路”，合称“一带一路”倡议。“一带一路”沿线国家资源生产和消费互补性强，地区经济发展不平衡、国际梯度分工明显，通过资源互补、贸易往来、互学互鉴、合作共赢，沿线各国经济有望实现协调发展、共同繁荣。四年来，“一带一路”建设逐渐从理念转化为行动，从愿景转变为现实，全球100多个国家和国际组织积极支持和参与，在政策沟通、资金融通、设施联通、民心相通、贸易畅通等方面取得丰硕成果。在经济全球化与逆全球化两股不同力量碰撞摩擦的背景下，建设“一带一路”既传承古丝绸之路精神，又为全球经济的持续复苏与稳定发展提供新动能。

积极推动构建人类命运共同体。经过近四十年改革开放，中国经济已深度融入世界经济体系，成为全球第二大经济体，与各国经济紧密相连，近五年对全球经济增长的贡献率维持在30%以上。中国的改革开放经验将为广大发展中国家提供中国借鉴。党的十九大报告提出，“坚持和平发展道路，推动构建人类命运共同体”。未来三十年，中国将秉持全球治理观，积极参与全球治理体系建设，继续发挥负责任大国作用，不断贡献中国智慧和力量。

（四）能源生产和消费技术变革

能源生产技术变革带动生产成本显著下降。得益于技术进步带来的成本下降，2011年以来全球每年50%以上的新增发电装机均来自于可再生能源发电。2016年，太阳能发电电价已降至3美分/（千瓦·时），陆上风电也降至3美分/（千瓦·时），具备了与常规电源“同台竞争”的能力；海上风电价格下降到了10美分/（千瓦·时），预计到2025年还将下降35%。在光伏发电、陆上风电、储能等领域的政

策支持信号明显，技术创新进步显著，新能源生产成本大幅下降，将为能源清洁转型提供重要支撑。

能源消费技术变革加快能源利用效率提升。通过生产技术进步、优化生产流程、发展循环经济，工业部门在提高生产效率、节约能源消费方面存在巨大空间。电动汽车的蓬勃发展将促进交通领域的电气化进程，为控制终端石油消费、减少大气污染做出突出贡献。在建筑领域，依托先进的技术和管理手段推行“零能耗”建筑和绿色建筑，大幅减少建筑用电，提高能源利用效率；在建筑照明、制冷供热、家用电器等领域推广节能技术，到2030年可节约1500亿千瓦·时的电能[1]。

（五）全球能源市场

能源市场全球化推动基础设施互联互通、资源合作共享。伴随经济全球化持续推进、能源转型进程加快，能源市场的范围由国家向区域、全球扩展，能源的商品属性进一步凸显。在发展中国家经济增长带动下，全球煤炭需求的重心将进一步向亚太地区倾斜，欧洲和北美煤炭需求将不断萎缩。伴随石油消费格局的变化以及电能等其他能源对石油的替代性增强，石油定价机制中发展中国家的话语权将有所增加。全球页岩气产量爆发性增长，储运设施建设稳步推进，天然气管道传输量、液化天然气跨境贸易量迅速增长，区域市场重构整合为全球市场。全球能源互联网的建设，将进一步加快全球电力设施的互联互通、电力技术共享和资源共享，推动以较低的成本获得充足、可靠的能源和电力供应。

---

❶ 参考国际能源署《能源技术展望 2017》。

2 模型原理与情景设计

2.1 模型原理

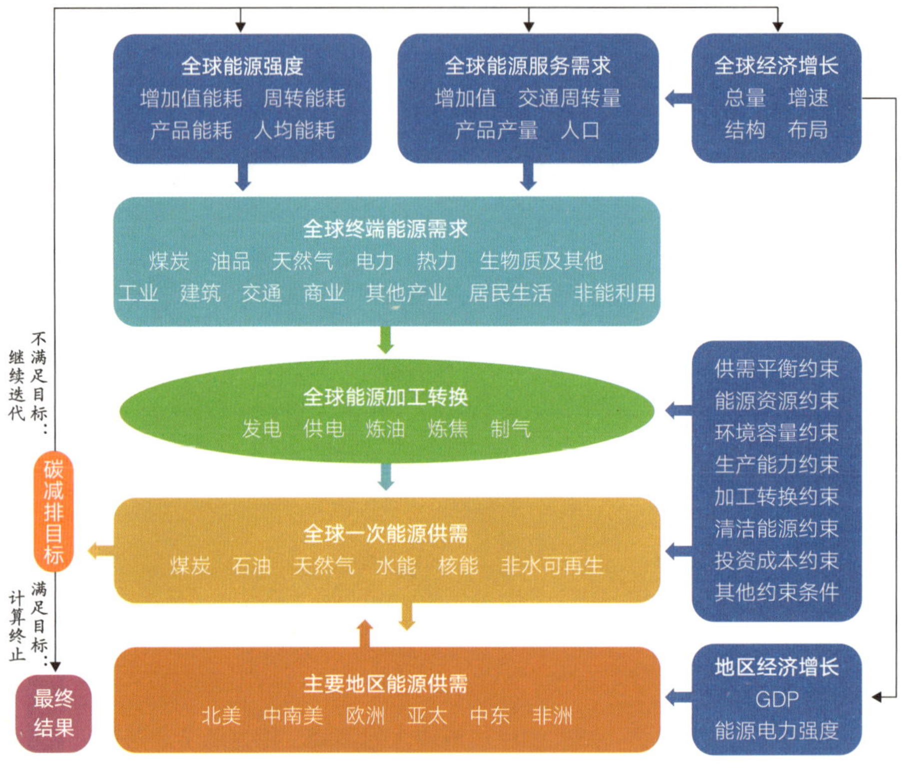

图2-1 全球能源供需分析预测模型框架图

采用“自下而上”与“自上而下”相结合的思路，从经济社会发展到终端能源需求，从终端能源需求到一次能源供应，从一次能源供应到温室气体排放，构建“经济－能源－电力－环境”相耦合的全球能源电力供需分析预测模型（GEMS-4E），模拟经济发展、技术进步、政策激励等因素对能源电力发展的影响，展望全球、各洲及重点国家能源供需、电力供需、二氧化碳排放等发展趋势。

全球能源电力供需分析预测模型原理：在模拟计算全球、各洲（北美、中南美、欧洲、亚太、中东、非洲）、重点国家（美国、巴西、德国、法国、英国、俄罗斯、中国、印度、日本、韩国、南非）终端能源需求的基础上，考虑发电、供热、炼油、炼焦等加工环节的转换效率与能量损失，以能源供需平衡、能源资源储量、环境生态容量、生产能力、加工转换能力、清洁能源发展目标、建设运行成本等为约束，通过能源系统（平衡）分析计算终端分部门/分品种能源需求、一次分品种能源供应和二氧化碳排放。

2.2 主要模块

（一）终端能源需求模块

终端部门划分为工业、交通、居民、商业及其他等。工业部门进一步划分为钢铁、建材、石化、有色等四大高耗能工业部门和其他工业部门；交通部门进一步划分为水运、航空、公路、铁路、管道等。考虑经济社会发展和能源技术进步，根据各部门能源消费特点，采用产值单耗法、产量单耗法、需求弹性法及计量经济法等方法预测分品种终端能源需求。

（二）能源加工转换模块

在终端能源需求预测的基础上，考虑能源生产、加工转换、储存运输等环节，参考不同能源品种价格、资源环境容量约束、能源存储运输成本等信息，通过对发电、供热、炼焦、炼油、制气等加工转换环节的模拟或优化分析，预测分品种一次能源需求。综合考虑模拟和优化技术的适用性，采用优化技术构建电力转换模块，以最大程度地发挥优化模型“政策分析、决策有用”的功能；采用模拟技术构建煤炭、石油、天然气、热力及其他能源转换模块，以最大限度地降低模型的复杂程度、数据需求和求解难度。

（三）温室气体排放模块

核算温室气体排放有两类方法：第一类方法基于总体活动水平和缺省排放系数，根据化石能源的消费量及其平均排放系数计算排放总量，主要用于缺少足够基础数据条件下的初步核算，计算结果具有一定的不准确性；第二类方法依据对不同批次燃料的详细测定以及不同燃烧技术的详细信息，用特定排放系数替代缺省排放系数，计算结果的准确性较高。对于全球能源模型，掌握全球范围内的燃料种类、燃烧技术等信息极为费力，又效果欠佳，因此采用第一类方法，即以联合国政府间气候变化专门委员会（IPCC）提供的静态排放系数为基础，结合相关技术进步预期（如碳捕集、利用与封存技术）来核算化石能源消费产生的CO_2。

（四）地区能源平衡模块

为分析地区能源电力需求增长差异，将全球分为六大区（北美、中南美、欧洲、亚太、中东、非洲），首先根据各地区历史数据采用不同方法（产值单耗法、人均单耗法、线性回归、非线性回归）进行模拟，分品种对一次能源需求和终端能源需求（重点是电力需求）进行初次预测；其次以分品种独立计算的方式，对各地区预测结果与全球预测结果进行多级协调。

2.3 情景设计

考虑经济发展、社会进步、资源开发、技术创新、环境约束、能源政策等因素设计三个情景，**一是高需求情景，二是高能效情景，三是自主减排情景，从2015年展望至2050年。**

高需求情景：伴随各国经济社会发展，全球能源需求持续较快增长，能源效率有所提升，能源供应加快向可再生能源转型以实现温室气体减排目标。各行业节能技术在一定范围内得到推广，工业用能效率在2030年和2050年分别较目前提高10%和20%；新能源发电成本持续下降，新能源发电大规模发展以实现二氧化碳减排目标；新能源汽车对传统燃油汽车在一定范围内实现替代；各国对化石能源利用采取较为严格的控制政策；为实现2℃温升控制目标，碳捕集、利用与封存技术得到大范围推广应用。

高能效情景：各国高度重视能效工作，能源利用效率大幅提高，能源需求缓慢增长，能源清洁转型相对较快，可以实现二氧化碳减排目标。节能技术取得重大突破，车辆燃油经济性年均提高0.5%，工业用能效率在2030年和2050年分别较目前提高25%和40%；储能技术取得重大突破并得到广泛利用，新能源发电成本大幅降低，竞争力大幅提高；新能源汽车对传统燃油车实现大规模替代；各国对化石能源利用采取更为严格的控制政策，对非化石能源发展采取更为积极的鼓励政策，碳捕集、利用与封存技术在较大范围内得到推广。

自主减排情景：各国兑现自主减排贡献承诺，实现可再生能源发展目标，能源效率有所提升，能源需求平稳增长，能源转型相对较慢，难以完成二氧化碳减排目标。展望期内发电效率年均提升1%左右，工业用能效率在2030年和2050年分别较目前提高20%和30%；可再生能源发电成本与火电技术成本可比，甚至低于火电技术成本；新能源汽车经济性与传统燃油车相当；储能和智能电网技术的快速发展促进风能与太阳能的消纳利用；各国主动承担自主减排责任，碳捕集、利用与封存技术得到一定程度的应用。

以下主要展示自主减排情景结果，并与高需求情景、高能效情景的主要指标进行了对比。三个情景下，经济发展与人口增长的预期一致。

（一）经济发展

参考国际货币基金组织、世界银行、国际能源署及其他机构研究成果，展望期内全球经济总量持续增长，增速逐步放缓，预计2050年全球GDP达228万亿美元（2010年美元价，下同），2015—2050年年均增长3.2%。分地区看，北美地区经济增长平稳，2015—2050年年均增长2.2%；中南美地区经济增长相对较快，2015—2050年年均增长2.8%；欧洲地区经济增长平缓，2015—2050年年均增长1.2%；亚太地区经济发展环境良好，政治局势稳定，增长潜力巨大，2015—2050年年均增长4.8%；中东地区资源丰富，经济增长潜力较大，2015—2050年年均增长3.6%；非洲地区经济发展程度低，增长潜力大，2015—2050年年均增长4.5%。

（二）人口增长

参考联合国、世界银行及其他机构预测结果，预计2030年世界人口达到84.7亿，2050年达到96.1亿，2015—2030年、2030—2050年全球人口增速分别为0.98%、0.63%。分地区看，亚太、非洲人口分别从2015年的40.1亿、11.9亿增至2050年的49.0亿、23.5亿，年均增速分别为0.6%、2.0%，对全球人口增长的贡献率分别为39%、51%；中东、北美、中南美人口略有增长，对全球人口增长贡献率分别为6%、3%、3%；欧洲人口有所下降，对全球人口增长贡献率为－2%。

表2-2　全球主要地区和国家经济增长

单位：万亿美元

地区＼年份	2015	2020	2030	2040	2050	2015—2050增速
北美	19.6	22.4	28.6	34.9	42.1	2.2%
美国	16.6	18.9	23.9	28.9	34.5	2.1%
中南美	4.4	5.1	6.9	9.1	11.7	2.8%
巴西	2.3	2.7	3.7	4.9	6.3	2.9%
欧洲	21.8	24.0	28.0	31.3	33.5	1.2%
德国	3.7	4.1	4.8	5.5	6.2	1.5%
法国	2.8	3.0	3.7	4.3	4.9	1.7%
英国	2.7	2.9	3.5	4.2	4.9	1.7%
俄罗斯	1.6	2.0	2.8	3.6	4.5	3.0%
亚太	22.8	30.7	52.4	82.6	117.6	4.8%
中国	8.8	12.2	21.4	34.0	49.2	5.0%
印度	2.4	3.5	6.9	12.7	22.0	6.6%
日本	5.7	6.1	6.9	7.6	8.4	1.1%
韩国	1.3	1.4	1.7	2.0	2.3	1.7%
中东	3.8	4.4	6.4	9.4	12.9	3.6%
非洲	2.2	2.8	4.4	7.0	10.5	4.5%
南非	0.4	0.5	0.8	1.1	1.6	4.0%
世界	74.6	89.5	126.7	174.3	228.3	3.2%

表2-3　全球主要地区和国家人口增长

单位：亿

地区＼年份	2015	2020	2030	2040	2050	2015—2050增速
北美	4.85	5.00	5.31	5.57	5.77	0.5%
美国	3.22	3.34	3.57	3.77	3.94	0.6%
中南美	5.07	5.20	5.45	5.59	5.66	0.3%
巴西	2.08	2.15	2.28	2.38	2.42	0.4%
欧洲	9.02	9.02	8.95	8.81	8.62	-0.1%
德国	0.81	0.81	0.81	0.80	0.78	-0.1%
法国	0.64	0.65	0.67	0.69	0.70	0.2%
英国	0.65	0.67	0.71	0.74	0.75	0.4%
俄罗斯	1.43	1.43	1.42	1.40	1.38	-0.1%
亚太	40.13	41.76	44.89	47.35	48.96	0.6%
中国	13.76	14.50	14.53	14.18	13.95	0.0%

续 表

地区\年份	2015	2020	2030	2040	2050	2015—2050增速
印度	13.11	13.43	15.02	16.21	16.96	0.7%
日本	1.27	1.26	1.21	1.16	1.09	-0.4%
韩国	0.50	0.53	0.57	0.61	0.66	0.8%
中东	2.27	2.46	2.85	3.22	3.58	1.3%
非洲	11.86	13.65	17.30	20.73	23.47	2.0%
南非	0.54	0.56	0.59	0.62	0.64	0.5%
世界	73.20	77.10	84.74	91.27	96.06	0.8%

3 能源需求

3.1 一次能源需求

（一）分地区情况

全球一次能源需求平稳增长，后二十年增速明显放缓。自主减排情景下，一次能源需求受能源利用效率提升、能源消费结构优化等因素影响增长平缓，从2015年的206亿吨标准煤增至2050年的260亿吨标准煤，增长26%，年均增长0.7%；前十五年能源需求增加35亿吨左右，年均增长1.0%；后二十年仅增加约20亿吨，年均增速降至0.4%。高需求情景下，一次能源需求持续较快增长，2050年达到290亿吨标准煤，展望期内年均增长1.0%。高能效情景下，因可再生能源大规模开发以及能源利用效率持续提升，一次能源需求在2040年前后达峰，峰值约233亿吨标准煤，2050年降至230亿吨标准煤，展望期内年均增长0.3%。

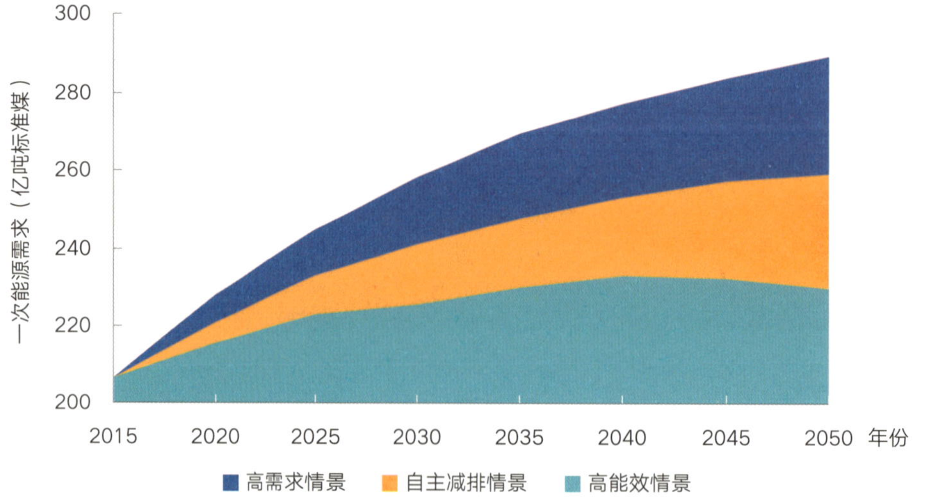

图2-2　高需求情景、自主减排情景、高能效情景一次能源需求对比

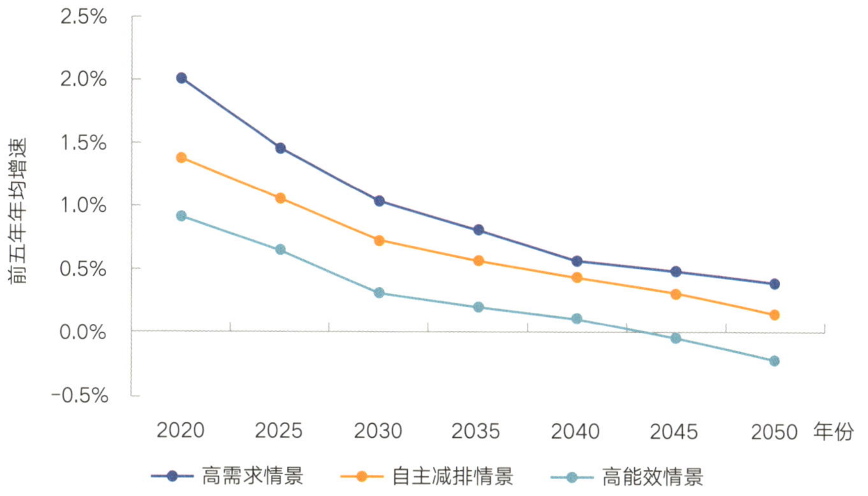

图2-3　高需求情景、自主减排情景、高能效情景一次能源需求增速变化

全球能源需求增量主要来自亚太，印度取代中国成为全球能源需求增长的主要动力。2015—2050年（非特别说明即为自主减排情景，下同），亚太地区能源需求增至125亿吨标准煤，对全球增量的贡献达2/3；非洲约贡献增量的19%；中南美、中东能源需求分别增长0.6、0.8倍，北美和欧洲能源需求分别下降11%、8%。发达国家能源需求增速不断下降，美国、德国、英国、法国等国能源需求趋于饱和。中国按“两步走”发展战略于2035年基本实现社会主义现代化，一次能源需求达55.9亿吨标准煤[1]；2040年前后一次能源需求达峰，峰值约56.4亿吨标准煤；2050年降至56.0亿吨标准煤。与中国需求放缓形成鲜明对比，印度一次能源需求持续较快增长，2035年后取代中国成为世界能源需求增长的主要动力，2015—2050年年均增长2.9%，2050年一次能源需求总量达35.1亿吨标准煤。

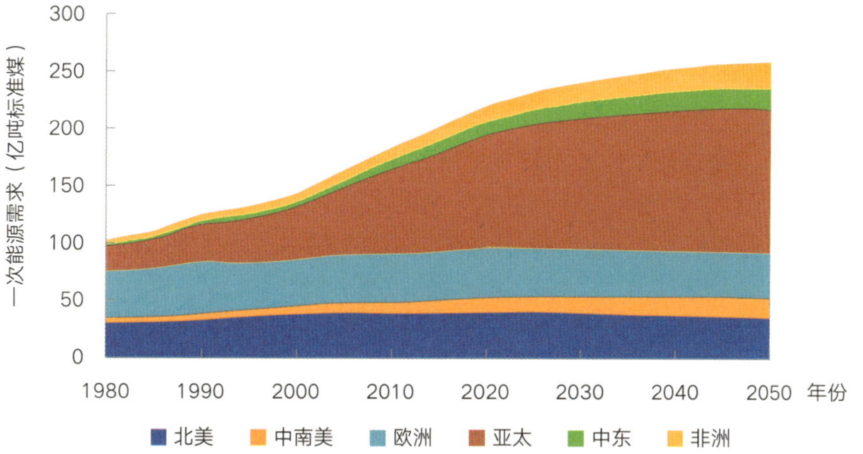

图2-4　全球分地区一次能源需求（自主减排情景）

全球人均能源需求于2030年前后达峰，之后略有下降；发达国家和能源主产区的人均能源需求相对较高。全球人均能源需求由2015年的2.82吨标准煤提高至2030年的2.85吨标准煤，之后降至2050年的2.70吨标准煤。2050年，美国、俄罗斯的人均能源需求超过6.0吨标准煤，处于第一集团；

❶ 展望部分中国数据的国际对比取中国①口径，中国数据的单独呈现取中国②口径。

韩国、德国、日本的人均能源需求在5.0～6.0吨标准煤区间，处于第二集团；中国人均能源需求约4.0吨标准煤，巴西人均能源需求约3.6吨标准煤，处于第三集团；印度人均能源需求约2.1吨标准煤，处于第四集团。

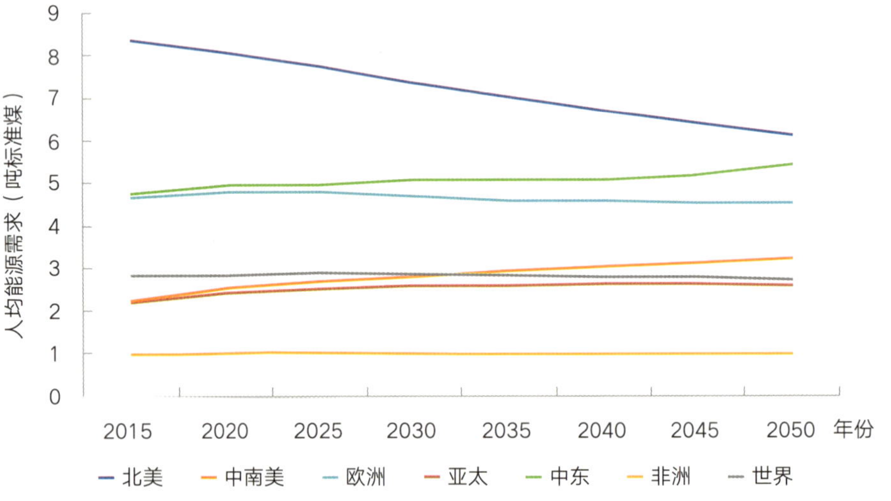

图2-5　2015—2050年全球分地区人均能源需求变化（自主减排情景）

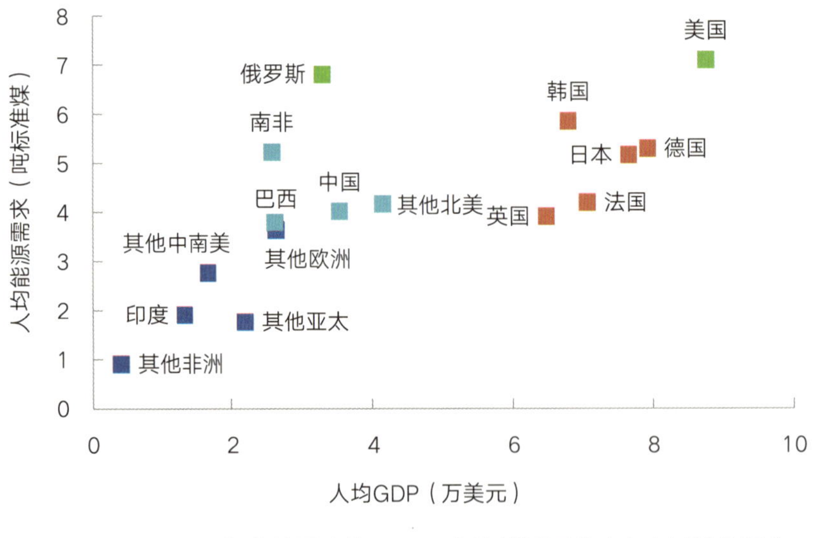

图2-6　2050年分地区人均GDP、人均能源需求（自主减排情景）

全球能源强度下降幅度超过60%，发展中国家下降幅度大于发达国家。2015—2050年，全球能源强度（2010年美元价，下同）从2.8吨标准煤/万美元降至1.1吨标准煤/万美元，年均下降2.6%，下降幅度超过60%。2050年，美国、日本和英国的能源强度分别降至0.8、0.7、0.5吨标准煤/万美元，低于世界平均水平；随着经济结构的持续调整和节能减排的深入推进，中国能源强度持续下降，2050年为1.1吨标准煤/万美元，约为2015年的1/5；印度能源强度的降幅超过70%，2050年降至1.6吨标准煤/万美元；巴西能源强度为1.4吨标准煤/万美元，在金砖五国中仅高于中国。

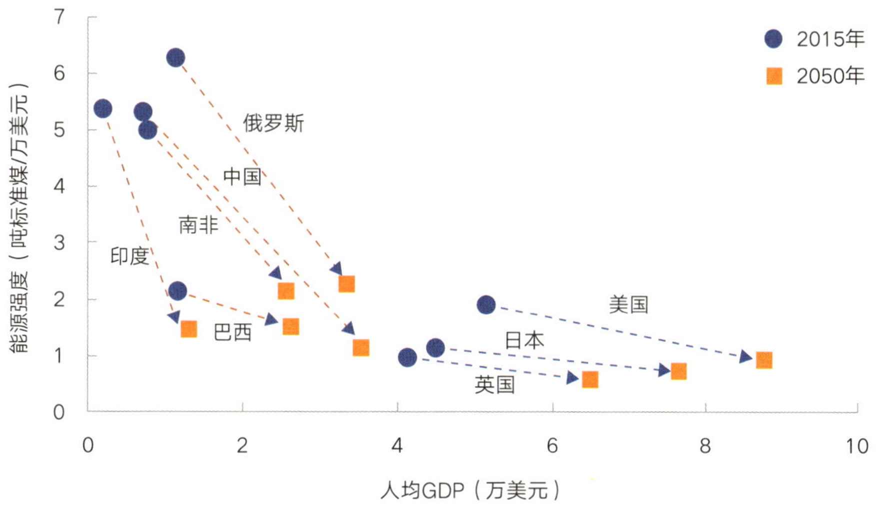

图2-7 2015—2050年重点国家能源强度变化（自主减排情景）

（二）分品种情况

全球煤、油、气需求相继达峰，2030年前后非化石能源由增量替代转为存量替代。由于工商业和居民生活用煤趋于下降，发电和供热用煤增长缓慢，全球煤炭需求在2025年后脱离峰值平台期进入下行通道，2050年在全球一次能源需求中的比重仅约16%。石油需求受电动汽车、轨道交通、电气化铁路快速发展等影响，全球需求总量于2030年前后达峰，此后逐步丧失第一大能源品种地位，在全球一次能源需求中的比重由2015年的30%降至2050年的20%。全球天然气需求在2035年前持续增长，之后平缓下降。2030年前后，非化石能源由增量替代转为存量替代，2050年非化石能源占一次能源需求的比重达到49%。在高需求情景和高能效情景下，非化石能源占一次能源的比重均超过70%。

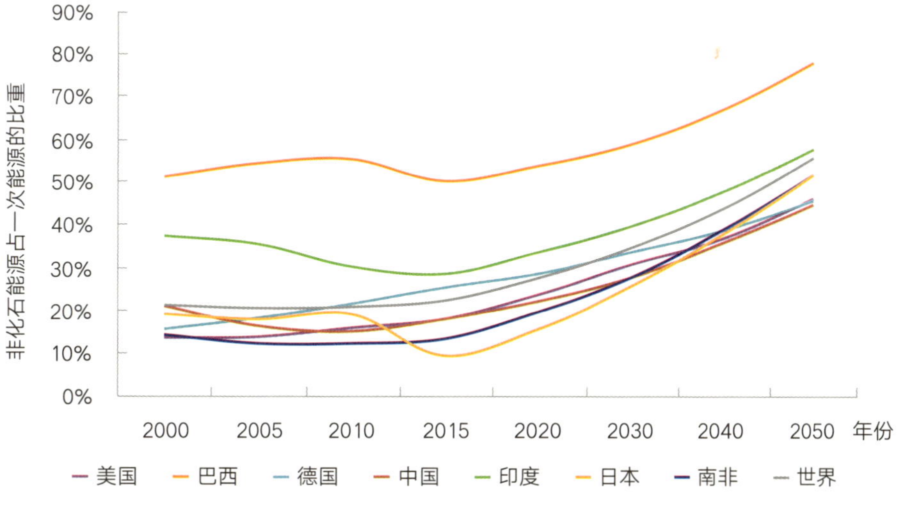

图2-8 非化石能源占一次能源需求的比重（自主减排情景）

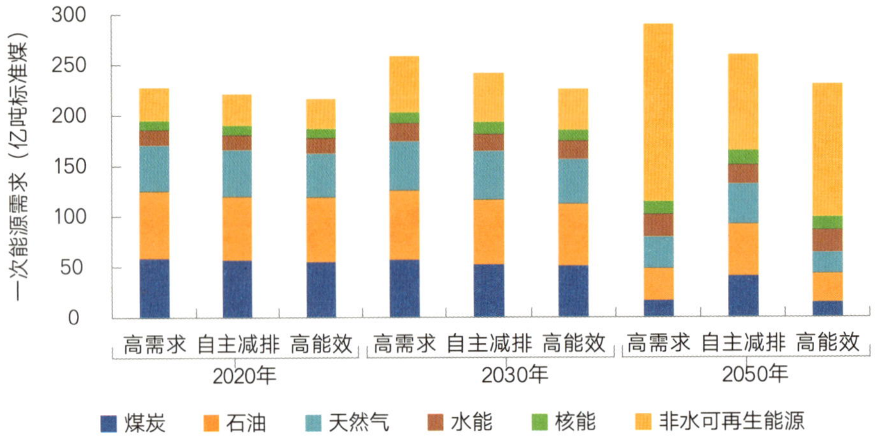

图2-9　高需求情景、自主减排情景、高能效情景一次能源需求结构对比

清洁转型是各国能源需求结构变化的共同趋势，但受资源禀赋、能源政策影响，转型路径各有不同。亚太地区的煤炭、中东和北美地区的石油及天然气需求规模依然很大，但是随着各国减排力度的不断加大，2030—2050年间的化石能源需求下降趋势更加显著。美国受特朗普政府能源政策影响，短期内化石能源需求的下降趋势或有反转，但在中长期内煤炭、石油、天然气需求将不同程度下降，未来能源需求主要由风能、太阳能等可再生能源满足。德国受弃核及弃煤政策影响，煤炭、核能需求迅速下降，天然气需求有所增长，但主要能源需求增量仍由清洁能源满足。中国能源结构中煤、油、气占比趋于均衡，可再生能源持续迅猛发展，2050年非化石能源占比达42.6%。印度能源需求增长迅速，煤炭、天然气需求趋于平稳，非化石能源高速增长，贡献展望期内一次能源需求增量的75%。

3.2　终端能源需求

（一）分地区情况

全球终端能源需求于2040年前后达峰，经济增速放缓及能源强度下降是终端能源需求增长动力减弱的主要原因。自主减排情景下，受经济增速放缓和能源强度下降的影响，全球终端能源需求在2040年前后达峰，峰值约158亿吨标准煤；2050年降至156亿吨标准煤，2015—2050年年均增长0.4%。分阶段看，终端能源需求增速逐步下降，2015—2030年年均增长0.8%，2030—2050年年均增长0.1%。高需求情景下，全球终端能源需求在2040年前后达峰，峰值约170亿吨标准煤；2050年降至168亿吨标准煤，2015—2050年年均增长0.6%。高能效情景下，全球终端能源需求在2040年前后达峰，峰值约147亿吨标准煤；2050年降至143亿吨标准煤，2015—2050年年均增长0.2%。

发达国家终端能源需求增速趋于下降，发展中国家终端能源需求维持平稳增长。2015—2050年，非洲、中南美、中东、亚太的终端能源需求年均增速较高，分别达1.4%、1.1%、0.9%和0.8%；北美、欧洲终端能源需求平缓下降，年均分别下降0.6%、0.5%。展望期内，德国、法国、英国、俄罗斯等国终端能源需求趋于饱和；日本终端能源需求饱和后平缓下降；巴西终端能源需求持续增长，增速逐步放缓；

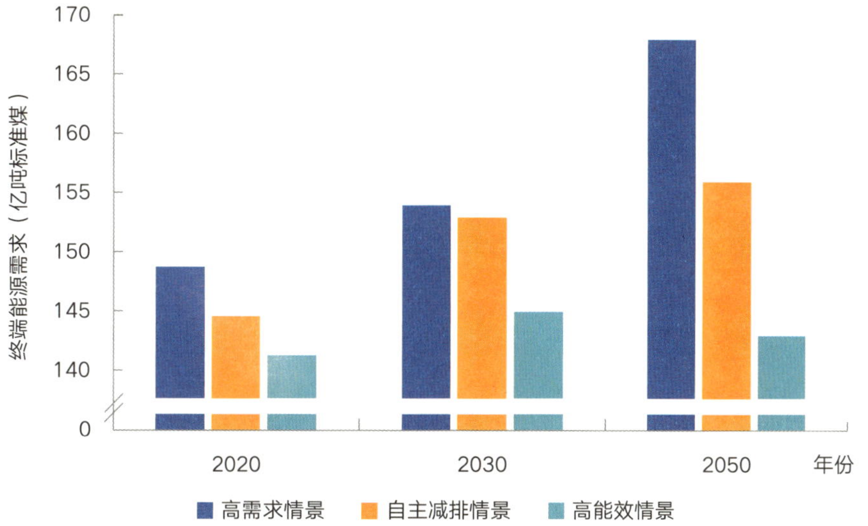

图2-10　高需求情景、自主减排情景、高能效情景终端能源需求对比

中国终端能源需求先升后降，峰值约39.4亿吨标准煤，出现在2035年前后，2050年降至38.0亿吨标准煤；印度终端能源需求由2015的8.2亿吨标准煤增至2050年的24.9亿吨标准煤，年均增长3.2%。

（二）分部门情况

工业和交通占终端能源需求的比重略有提升。2015—2050年，工业部门能源需求增长21%，对终端能源需求增长的贡献率约38%，占终端能源需求的比重由27.8%提高至29.2%；交通部门能源需求增长20%，对终端能源需求增长的贡献率约37%，占比由28.5%提高至29.6%；商业部门能源需求增长12%，贡献终端能源需求增长的10%，占比由11.9%降至11.6%；居民消费能源需求增长12%，贡献终端能源需求增长的19%，占比略有下降。

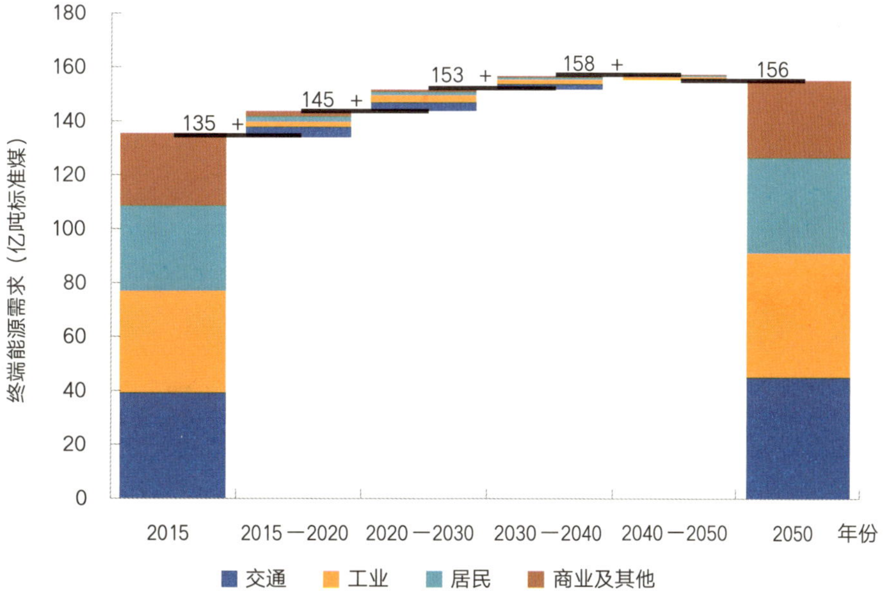

图2-11　全球分部门终端能源需求变化（自主减排情景）

发达国家工业能源需求下降是普遍趋势，而发展中国家工业能源需求增长较快。美国、德国、法国、英国等国工业能源需求持续下降，居民能源需求有较大提升；日本终端能源需求增长主要集中在商业和交通部门，居民能源需求变化不大，工业能源需求下降较快；韩国终端能源需求以工业为主，交通、居民和商业平稳增长；中国终端能源需求结构深度调整，伴随供给侧结构性改革，工业部门能源需求在2030年之前率先达峰，能源需求增长动力主要来自于交通、居民和商业部门；印度终端能源需求以工业和居民消费为主，工业能源需求对展望期内需求增长的贡献率约45%。

（三）分品种情况

电能替代是终端能源需求结构变化的基本趋势，2045年前后电能超越石油成为终端第一大能源。煤炭和石油占终端能源需求的比重持续下降，煤炭在展望期内持续萎缩，石油2035年后持续下降，两者合计占终端能源需求的比重由2015年的1/2降至2050年的1/3；天然气需求在2035年前平稳增长，占终端能源需求的比重维持在15%左右，之后由于减排约束趋于严格，需求有所下降，2015—2050年年均下降0.5%；电力需求的增长速度远高于其他能源品种，占终端能源需求的比重由2015年的19.0%提高至2050年的39.8%，2045年前后超越石油成为终端第一大能源。

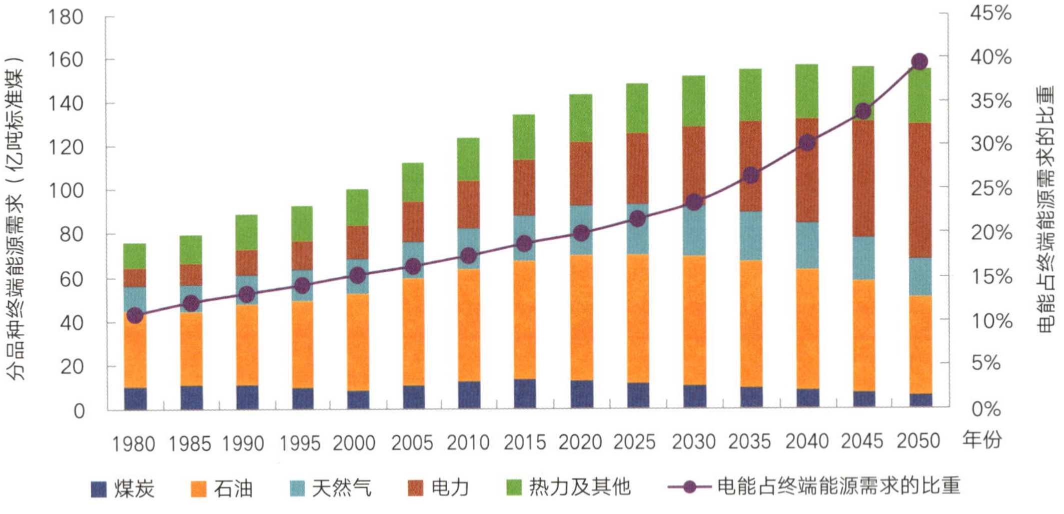

图2-12　全球分品种终端能源需求（自主减排情景）

各国电气化水平普遍提升。欧美发达国家终端能源需求呈现电、气、油“三足鼎立”局面，2050年俄罗斯电、气、油占终端能源需求的比重分别为23%、31%、21%，法国三项占比分别为42%、23%、31%；巴西石油需求大幅下降，电能需求较快增长，2050年终端电化水平达到39%；南非煤炭需求持续下降，天然气需求维持低迷，终端能源需求增量主要来自电能、热力及其他能源；随着电能替代的推进和电动汽车的发展，中国终端能源结构更加清洁化和低碳化，2050年终端电气化水平达40%；印度电气化水平大幅提升，2050年电气化水平达到31%，超过石油成为终端第一大能源。

4 能源供应

（一）总体能源供应

可再生能源在未来能源供应中占据主导地位，2050年非化石能源占能源供应总量的一半。自主减排情景下，化石能源供应量由160亿吨标准煤降至132亿吨标准煤，年均下降0.5%，占一次能源供应的比重大幅下降，从2015年的77%降至2050年的51%；非化石能源供应量由47亿吨标准煤增至128亿吨标准煤，年均增长2.9%，占一次能源供应的比重上升至49%。其中，水能年均增长1.1%，核能年均增长1.5%，非水可再生能源年均增长3.8%。高需求情景下，非化石能源供应量2050年增至210亿吨标准煤，年均增长4.4%，占一次能源供应的比重上升至73%。高能效情景下，非化石能源供应量2050年增至167亿吨标准煤，年均增长3.7%，占一次能源供应的比重上升至72%。

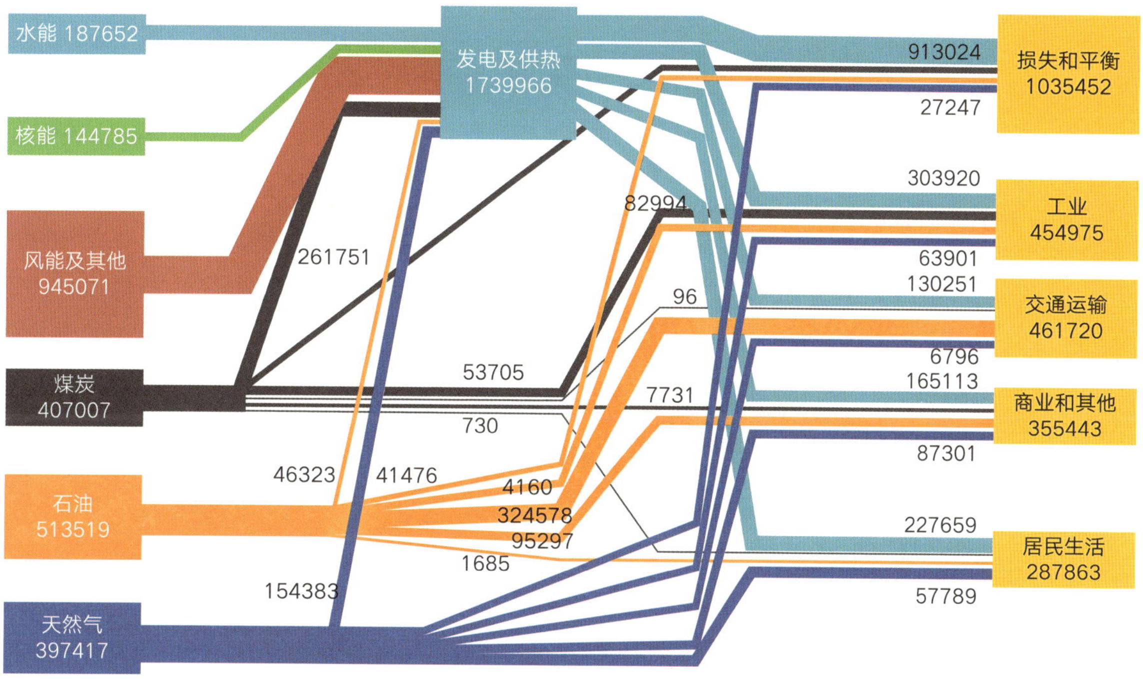

图2-13 2050年世界能流图（自主减排情景）

注 ①单位为万吨标准煤；②水能、核能与其他非水可再生能源发电量按燃料替代法折算一次能源；③发电能源消费含供热用能；④工业用能含非能利用；⑤发电损失含发电、供热、洗选煤、炼焦、炼油、制气、天然气液化等加工转换过程的净投入和能源输储损失；⑥因四舍五入，分品种、分部门能源平衡可能存在微小差异。

传统化石能源供应量大幅减少，化石能源跨境贸易趋于下降。煤炭产量在2025年后脱离峰值平台期步入下行轨道，2050年降至40亿吨左右；石油和天然气的产量均呈先升后降的变化态势，两者产量分别在2030年和2035年前后达峰，2050年石油产量降至51亿吨标准煤，天然气产量降至40亿吨标准煤。伴随非化石能源供应的增加，化石能源跨洲贸易量趋于下降，2050年煤炭、石油贸易量降至2015年的一半以下，天然气贸易量先升后降，2050年水平与2015年水平基本相当。

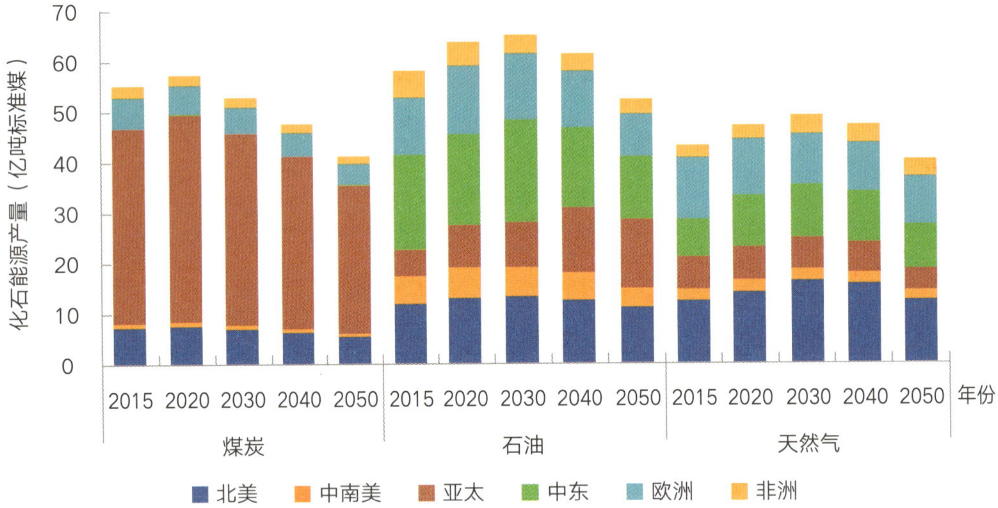

图2-14　全球分地区化石能源产量（自主减排情景）

（二）发电能源供应

“电为中心”是全球能源清洁转型的重要特征，发电能源在能源供应中占据主体地位。2015—2050年，发电能源供应总量由78亿吨标准煤增至155亿吨标准煤，年均增长2.0%。发电能源占一次能源供应的比重由37.7%增至59.9%，电气化水平显著提升。燃煤机组由主力电源转变为具有深度调节能力的支撑电源，利用小时数下降，燃油发电基本退出，燃气发电在电力清洁转型中发挥重要作用，用于发电的化石能源占发电能源供应的比重由45%降至24%。

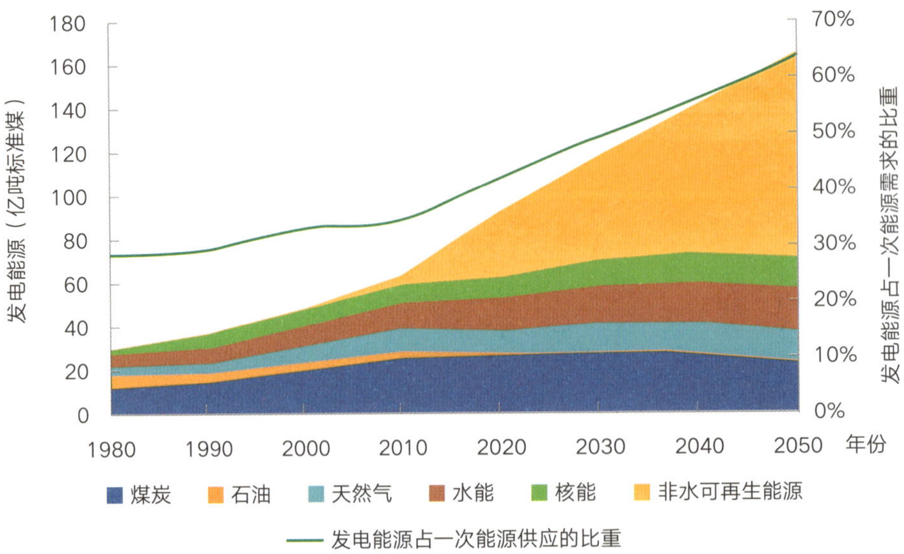

图2-15　发电能源构成及发电能源占一次能源的比重（自主减排情景）

5 电力需求

（一）分地区需求

全球电力需求保持较快增长，增速约为一次能源需求增速的4倍。自主减排情景下，全球用电量[1]由2015年的22.2万亿千瓦·时增至2050年的57.4万亿千瓦·时，增长约1.6倍，年均增长2.8%，约为一次能源需求增速的4倍。伴随非化石能源利用规模持续扩大、终端电能替代进程加快，电力需求平稳较快增长，2015—2030年年均增速为2.6%，2030—2050年年均增速为2.9%。高需求情景下，全球用电量2050年增至73万亿千瓦·时，年均增长3.4%。高能效情景下，全球用电量2050年增至65万亿千瓦·时，年均增长3.1%。自主减排情景下，2050年电能占终端能源需求的比重为39.8%；高需求情景下，电能占终端能源需求的比重为49.6%；高能效情景下，电能占终端能源需求的比重为49.5%。

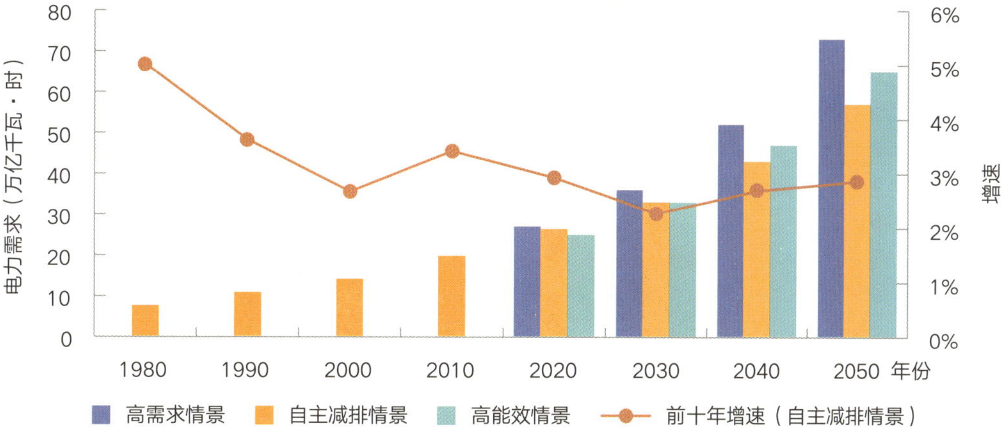

图2-16 高需求情景、自主减排情景、高能效情景下全球电力需求对比

全球电力需求格局持续调整，增量的约2/3来自亚太和非洲。2015—2050年，亚太地区用电量由9.7万亿千瓦·时增至27.9万亿千瓦·时，贡献全球增量的52%，2050年占全球的比重达49%。非洲是全球电力需求增长最快的地区，年均增长6.2%，电力需求由0.7万亿千瓦·时增至6.0万亿千瓦·时，贡献全球增量的近15%。北美、欧洲用电量分别从4.9万亿、4.9万亿千瓦·时增至8.1万亿、7.8万亿千瓦·时，年均增速分别为1.4%、1.3%，是增速最慢的地区，对全球用电增量的贡献率分别为9.1%、8.3%。中南美、中东电力需求基数较小，对全球用电量增长的贡献率均小于5%。

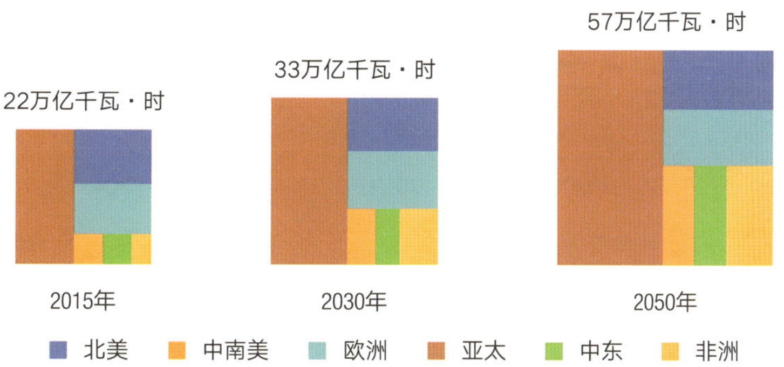

图2-17 全球分地区电力需求（自主减排情景）

[1] 用电量＝发电量＋进口－出口－线损。

发达国家用电需求平稳增长，新兴市场国家用电需求持续较快增长。美国、英国、法国、德国等发达国家用电增长相对平缓，2015—2050年年均增速均在1.5%左右；日本、韩国电气化水平较高，用电增速在亚太地区中处于较低水平；中国用电增速由“高速”逐渐降至“中速”，2020年、2030年和2050年全社会用电量分别为7.5万亿、10.2万亿、13.6万亿千瓦·时；伴随经济社会快速发展，印度用电需求高速增长，2015—2050年年均增速为5.3%，2050年用电需求升至6.8万亿千瓦·时。

全球人均电力需求翻番，中国人均电力需求接近1万千瓦·时。2015—2050年，全球人均电力需求由3027千瓦·时增至5975千瓦·时，增长97%，年均增长2.0%，增速明显快于人均能源需求。发展中国家由于电力需求基数低、人口增长快，人均电力需求仍明显低于发达经济体。2050年，中国人均用电量达1.0万千瓦·时，与德国（1.3万千瓦·时）、日本（1.2万千瓦·时）等基本相当；印度仅4020千瓦·时，与发达国家仍存较大差距。高需求情景下，全球人均电力需求7599千瓦·时，年均增长2.7%；高能效情景下，人均电力需求6766千瓦·时，年均增长2.3%。

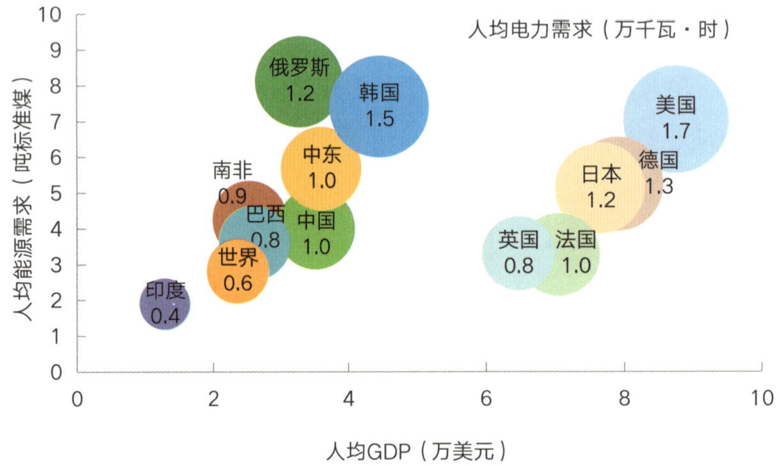

图2-18　2050年重点国家人均GDP、人均能源需求、人均电力需求（自主减排情景）

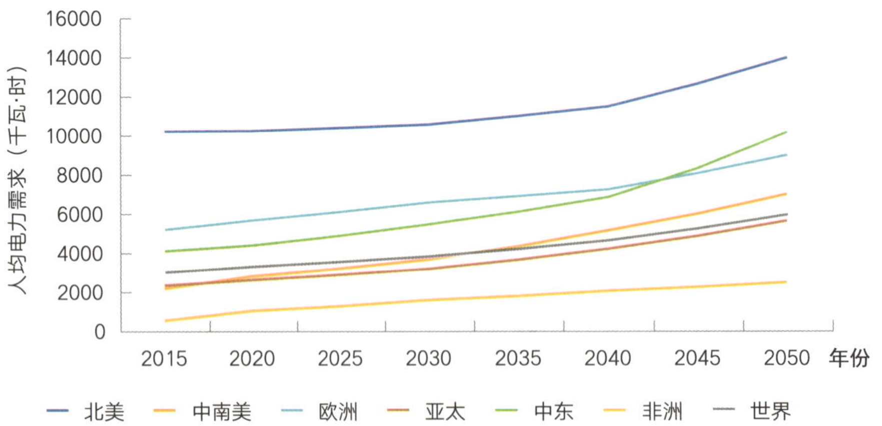

图2-19　2015—2050年分地区人均电力需求（自主减排情景）

发展中国家电力弹性系数较高，电力强度明显高于发达经济体。2015—2050年，美国、法国、日本等发达经济体的电力弹性系数处于0.6~0.8区间，巴西等发展中国家的电力弹性系数在1.0~1.5之间。由于发达经济体的电力弹性系数小于1，其电力强度持续下降，与发展中国家的差距进一步扩大。2050年，中国、印度的电力强度分别为0.28、0.31千瓦・时/美元（2010年美元价），分别是美国的1.4、1.6倍。

（二）分部门需求

工业用电占比大幅下降，交通用电增长速度最快。2015—2050年，工业用电需求增长1.3倍，占终端电力需求的比重大幅下降，由2015年的43%降至2050年的34%；交通用电需求增长31倍，占终端电力需求的比重由1.5%增至17%，2050年约9.8万亿千瓦・时，增量主要来自电动汽车、电气化铁路和城市轨道交通；居民、商业及其他行业的电气化水平持续上升，电力需求分别增长1.7、1.4倍，2050年合计占终端电力需求的比重为49%。

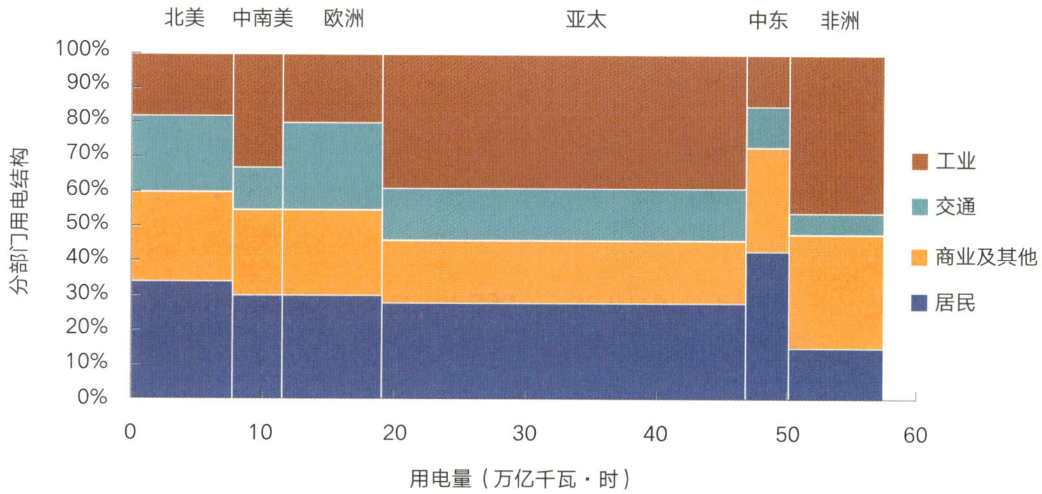

图2-20　2050年全球分地区分部门电力需求（自主减排情景）

发达国家用电需求增长主要集中在居民、商业和交通等部门，发展中国家工业用电仍保持较高比重。美国、德国、英国、法国等发达国家用电需求的增长动力集中在居民、商业和交通领域；中国交通、居民和商业部门用电占比不断提升，电力需求结构不断优化，展望期内工业对用电增长的贡献率为11%，交通、居民和商业对用电增长的贡献率合计为89%；印度用电量增长主要以工业和居民用电为主，工业部门贡献率为45%，居民部门的贡献率为34%。

6　电力供应

（一）装机情况

发电装机大幅增加，尤其是2030年以后增长显著。自主减排情景下，全球发电装机由2015年的63亿千瓦增至2050年的216亿千瓦，增长约2.4倍，年均增长3.6%。2015—2030年，装机增加37亿千瓦，年均增加2.5亿千瓦；2030—2050年，装机增加115亿千瓦，年均增加5.8亿千瓦，2030年后发电装机增长速度明显加快。高需求情景下，全球发电装机2050年增至302亿千瓦，年均增长4.6%，增长约3.8倍；高能效情景下，全球发电装机2050年增至261亿千瓦，年均增长4.2%，增长3.1倍。

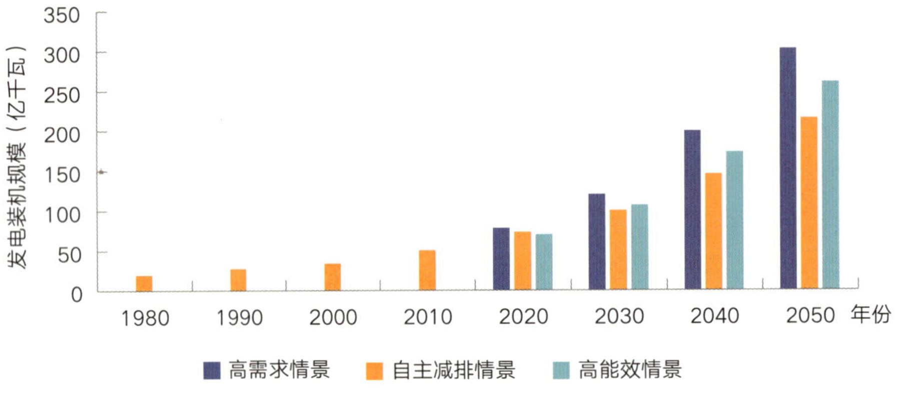

图2-21　高需求情景、自主减排情景、高能效情景全球装机规模

非水可再生能源发电装机大幅增加，逐步替代化石能源发电成为主力电源。自主减排情景下，煤电装机规模在2030年前保持平缓增长，2030年后逐步下降，展望期内煤电转变为具有深度调节能力的容量支撑电源，利用小时数不断下降，2050年全球煤电装机接近19亿千瓦，与2015年规模基本相当；燃气发电以其良好的调峰能力在电力系统清洁转型进程中发挥重要支撑作用，由2015年的17亿千瓦增至2050年的23亿千瓦，年均增长0.8%，2050年占发电总装机的11%；水电受资源开发条件所限，年均仅增长1.1%，由2015年的12亿千瓦增至2050年的18亿千瓦；核电装机2050年增至7.5亿千瓦，增长近1倍；非水可再生能源发电装机由7亿千瓦增至148亿千瓦，年均增速高达8.9%，是全部发电装机年均增速的2.5倍，2050年占全球发电总装机的比重达到68%，较2015年提高约56个百分点。高需求情景下，非水可再生能源发电装机增至241亿千瓦，年均增速高达10.6%，2050年占全球发电总装机的比重达到80%，较2015年提高约68个百分点。高能效情景下，非水可再生能源发电装机增至204亿千瓦，年均增速高达10.1%，2050年占全球发电总装机的比重达到78%，较2015年提高约66个百分点。

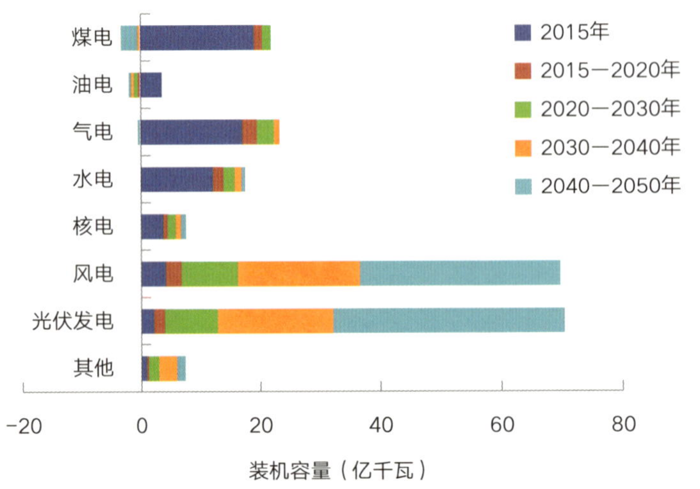

图2-22　全球分品种装机容量变化（自主减排情景）

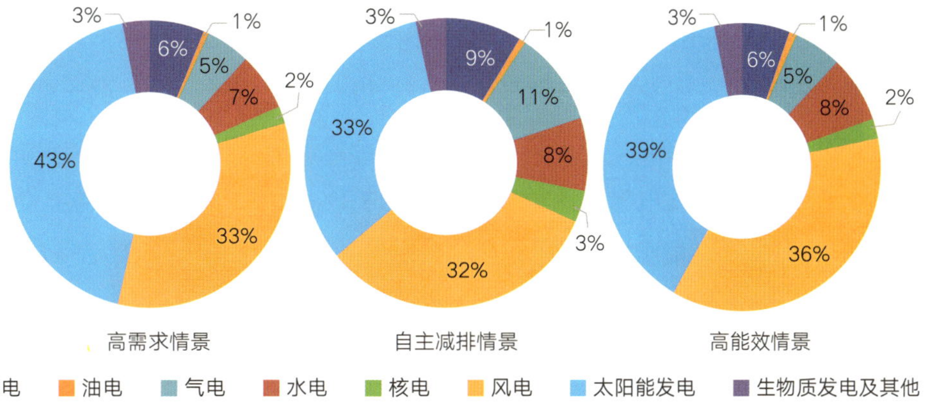

图2-23 高需求情景、自主减排情景、高能效情景2050年全球装机结构

全球新增装机的一半以上来自亚太。亚太地区发电装机快速增长，2015—2050年年均增速为4.0%，2050年约占全球发电总装机的50%，对展望期内全球发电装机增长的贡献率约53%。2015—2050年，北美、欧洲发电装机容量年均增速分别为2.4%、1.9%，但占全球发电总装机的比重有所下降，北美降至13.7%，欧洲降至13.6%；非洲发电装机增长近11倍，2050年占全球发电总装机的9.2%。

各国非化石能源发电装机占比均大幅提高。2050年，美国、德国、法国、英国、俄罗斯非化石能源发电装机占比分别达到63%、86%、94%、77%、66%，化石能源发电装机占比大幅下降。中国电力供应由煤电为主向清洁能源为主转变，煤电装机2020年为11.0亿千瓦，2030年达到峰值12.5亿千瓦，2050年降至7.7亿千瓦，其占比由2020年的58%下降到2050年的18%；同期，非化石能源发电装机占比由2020年的37%上升至2050年的76%。为满足较快增长的用电需求，印度发电装机容量快速增长，2050年非化石能源发电装机占比超过60%。

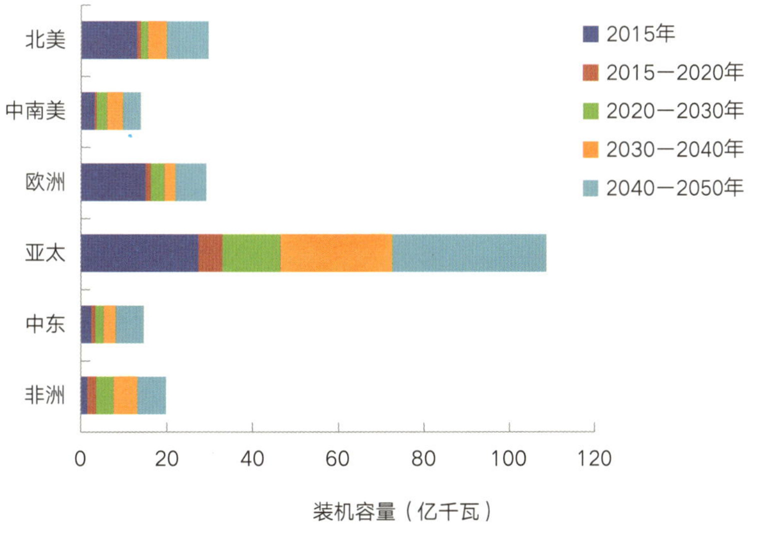

图2-24 全球分地区装机容量变化（自主减排情景）

（二）发电量情况

发电量持续较快增长，2040年前后增量全部由非水可再生能源提供。自主减排情景下，全球发电量由24.1万亿千瓦·时增至62.0万亿千瓦·时，年均增长2.7%。其中，化石能源发电量占比由2015年的67%降至2050年的31%。非化石能源发电量持续快速增长，占全部发电量的比重由2015年的33%提升至2050年的69%，水电、核电、非水可再生能源发电量在展望期内分别增长50%、75%和20倍；非水可再生能源发电量占全部发电量的比重由2015年的6.3%提升至2050年的53%，2040年前后全球发电量增量全部由非水可再生能源提供。高需求情景下，全球发电量由24.1万亿千瓦·时增至78.5万亿千瓦·时，年均增长3.4%，其中非水可再生能源发电量占全部发电量的比重由2015年的6.3%提升至2050年的66%。高能效情景下，全球发电量由24.1万亿千瓦·时增至70.3万亿千瓦·时，年均增长3.1%，其中非水可再生能源发电量占全部发电量的比重由2015年的6.3%提升至2050年的65%。

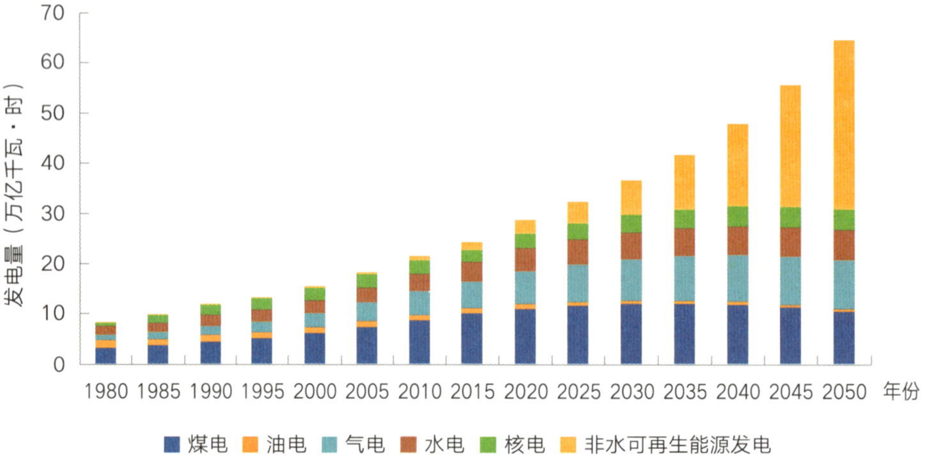

图2-25　全球分品种发电量（自主减排情景）

各国电力清洁转型路径有所差异，发展可再生能源发电是共同选择。受页岩气等非常规资源的爆发式增长影响，美国燃气发电短期有所增加，清洁能源发电在展望期内持续较快增长，贡献展望期内全部发电量增长。受弃核政策影响，德国短期内可再生能源发电不能完全满足用电需求增长，煤电发电量略有增加，但可再生能源很快接替并保持较快增长。为满足持续增长的用电需求，中国大力发展新能源，风电发电量与太阳能发电量占比从2020年的12%增至2050年的34%，电力供应更加清洁化。2050年，印度煤电发电量占比仍超过40%，非水可再生能源发电占比约1/3。南非煤电占比明显下降，风电、太阳能发电等清洁能源增长迅速。

7　碳排放

全球CO_2排放于2030年前后达峰，2050年较峰值水平下降约25%。自主减排情景下，全球化石能源消费产生的CO_2排放在2015—2030年间平缓增长；2030年前后达峰，峰值约366亿吨；2050年降至274亿吨左右，较峰值下降约25%。2015—2050年间，全球化石能源消费产生的CO_2年均下降

0.6%，主要是能源结构的清洁化水平较快提升，碳捕集、利用与封存技术的应用规模逐渐扩大，但展望期内累积CO_2排放量远超2℃温升控制目标所允许的8000亿~12000亿吨"碳预算"。高需求情景下，为实现全球2℃温升控制目标，全球化石能源消费产生CO_2排放必须在达峰后迅速下降，2050年降至110亿吨左右，主要是化石能源在能源结构中的比重大幅下降，碳捕集、利用与封存技术迅速推广应用。高能效情景下，全球化石能源消费产生CO_2排放的峰值更低，下降更早，2050年降至110亿吨左右，主要是用能效率提升导致需求有所下降，非化石能源开发利用规模较快增长，碳捕集、利用与封存技术得到一定规模应用；展望期内累积排放可控制在"碳预算"内，有望实现2℃温升控制目标。

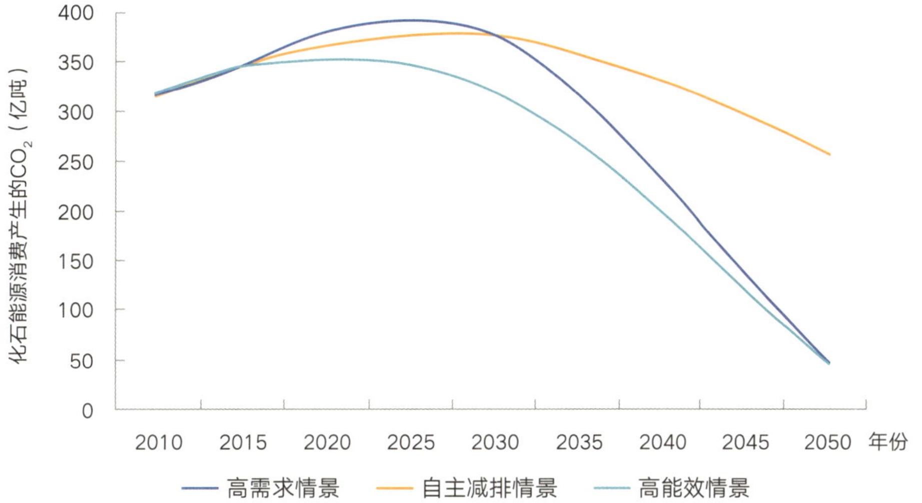

图2-26 高需求情景、自主减排情景、高能效情景下全球化石能源消费产生的CO_2排放对比

亚太地区对2050年全球CO_2减排的贡献率接近50%。自主减排情景下，2050年全球化石能源消费产生的CO_2（下同）较2015年减少约68亿吨。其中，除中东CO_2排放量略有增加外，2050年亚太地区排放量较2015年降低约33亿吨，对全球减排量的贡献率接近50%，北美、欧洲CO_2减排量分别为18亿、23亿吨，对全球减排量的贡献分别为27%、34%。

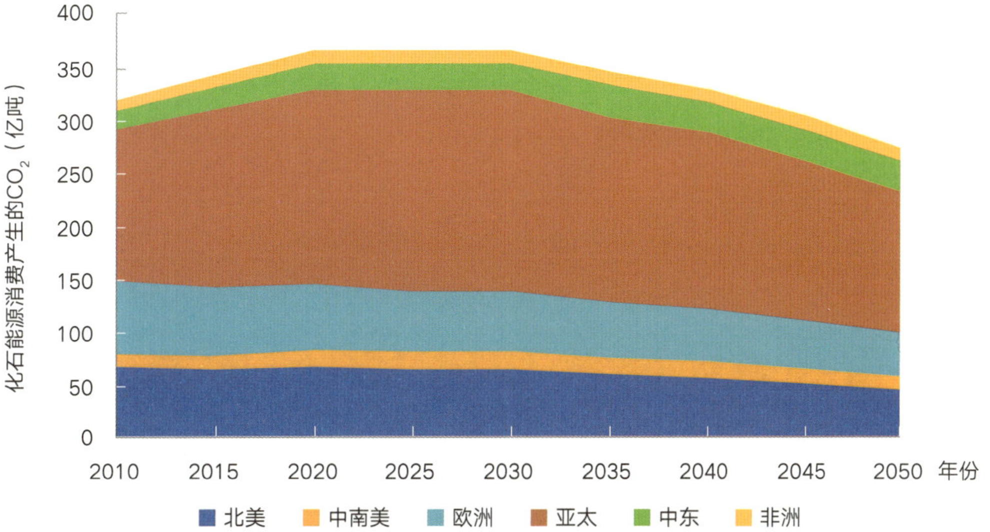

图2-27 分地区化石能源消费产生的CO_2排放（自主减排情景）

第三部分
“一带一路”专题

要 点

“一带一路”战略旨在推动沿线国家协调经济政策、加强区域合作、扩大互联互通，实现多元、自主、平衡、可持续的共同发展。

“一带一路”沿线国家资源储量丰富、品种多样，在世界能源生产中占据重要地位；“一带一路”连接着能源资源大国、能源消费大国、能源技术强国，能源电力合作互补性高、发展潜力巨大。

建设“一带一路”，将有力促进沿线国家清洁能源开发利用，加快沿线国家基础设施互联互通，推动全球能源互联网进程，为沿线国家经济社会发展提供有力支撑。

预计2020年、2030年“一带一路”沿线国家一次能源需求总量分别为78.5亿、113.4亿吨标准煤，2014—2020年年均增长3.3%，2020—2030年年均增长3.8%；终端能源需求总量分别为53.4亿、80.0亿吨标准煤，2014—2020年、2020—2030年年均增速分别为3.7%、4.1%。2020年、2030年“一带一路”沿线国家电力需求分别为9.2万亿、19.7万亿千瓦时，电气化水平由2014年的15.6%提升至2020年的17.3%、2030年的24.6%，为世界整体电气化水平提升做出重要贡献。

1 "一带一路"倡议内涵与能源电力合作

(一)倡议内涵与发展

"一带一路"倡议内涵。2013年9月和10月，中国国家主席习近平分别在出访哈萨克斯坦和印尼期间，提出建设"新丝绸之路经济带"和"21世纪海上丝绸之路"，合称"一带一路"倡议。共建"一带一路"，旨在推动沿线各国实现经济政策协调，开展更大范围、更高水平、更深层次的区域合作，共同打造开放、包容、均衡、普惠的区域经济合作架构；致力于亚欧非大陆及附近海洋的互联互通，建立和加强沿线各国互联互通伙伴关系，构建全方位、多层次、复合型的互联互通网络，实现沿线各国多元、自主、平衡、可持续的发展。

"一带""一路"两条走向。"丝绸之路经济带"包括北线、中线、南线，主要依托国际大通道，以沿线中心城市为支撑，以重点经贸产业园区为平台，共同打造新亚欧大陆桥等国际经济合作走廊。"21世纪海上丝绸之路"的重点方向是从中国沿海港口过南海到印度洋、太平洋，延伸至欧洲，以重点港口为节点，共同建设通畅安全高效的运输大道。

"一带一路"合作理念。"一带一路"是合作共赢、和平友谊之路。中国政府秉持和平合作、开放包容、互学互鉴、互利共赢的理念，全方位推进务实合作；倡议利用双边及多边合作机制，打造政治互信、经济融合、文化包容的利益共同体、命运共同体和责任共同体。合作重点在政策沟通、设施联通、贸易畅通、资金融通、民心相通五个方面，以增进理解信任、加强全方位交流，促进共同发展，实现共同繁荣。

"一带一路"实践发展。"一带一路"倡议于2013年首次提出；2014年写入《政府工作报告》，成为国家三大战略之一；2015年成立工作领导小组，出台顶层规划设计，成立亚洲基础设施投资银行；2016年列入"十三五"时期主要目标任务和重大举措；2017年建立"一带一路"PPP工作机制，举行"一带一路"国际合作高峰论坛。

(二)能源与电力合作

"一带一路"沿线国家间能源互补。"一带一路"沿线国家包含中东、中亚、俄罗斯等油气资源富集国家，以及中国、印度等能源消费巨大、油气资源匮乏的新兴市场国家，两者形成有机互补。"一带一路"倡议的提出加快了油气等重点能源领域的合作步伐，主要是跨境油气输送通道建设与油气上下游产业链合作。截至2015年底，中国油气企业在"一带一路"沿线国家油气项目总投资高达2000亿美元。2014年，中国与"一带一路"沿线国家油气贸易额达2200亿美元，占货物贸易总额的20%；预计2020年、2030年将分别再增加810亿、1900亿美元。

"一带一路"沿线国家间电力互联互通。"一带一路"沿线国家电力发展极不均衡，基础设施水平参差不齐，对电力跨国投资及技术转让存在刚性需求，而中国电力技术领先、建设经验丰富，存在巨大合作潜力。"一带一路"电力合作主要是资源开发与电源建设、输变电工程建设以及跨国电网互联互通项目。2004年以来，中国电建在海外承担的火电、水电、光伏发电和风力发电项目总装机容量达到1.1亿千瓦，其中2016年海外可再生能源项目11个，总投资达320亿美元。未来随着"一带一路"沿线国家风电、太阳能发电的大规模开发利用，为平抑风电、太阳能发电的波动性，实现跨国电力联网、促进资源共享是大势所趋，必将推进全球能源互联网的早日形成。

2 “一带一路”沿线国家经济能源现状

（一）经济发展现状❶

“一带一路”沿线国家人口众多，经济发展水平较低，人均GDP差异明显。1990—2015年，“一带一路”沿线国家人口年均增长1.5%，2015年达34亿人，占世界总人口的46.5%。2015年，沿线国家GDP总量达14.8万亿美元（2010年美元价，下同），占世界总量的19.8%；人均GDP仅4300美元，不到世界平均水平的一半，但各国水平差异明显，2015年卡塔尔人均GDP达7.5万美元，高居世界第一，而同年埃塞俄比亚人均GDP仅500美元。

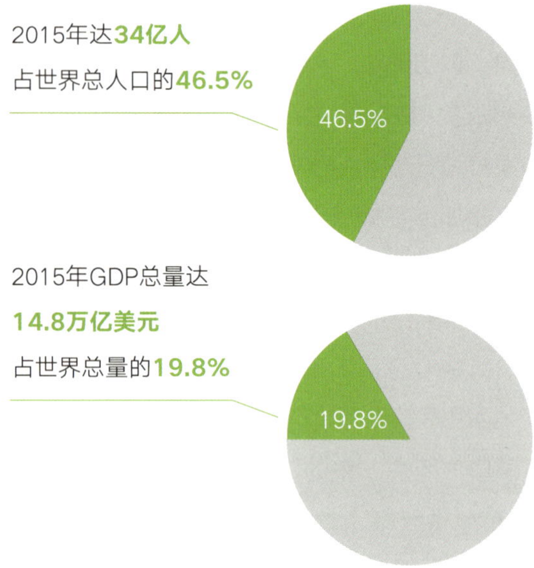

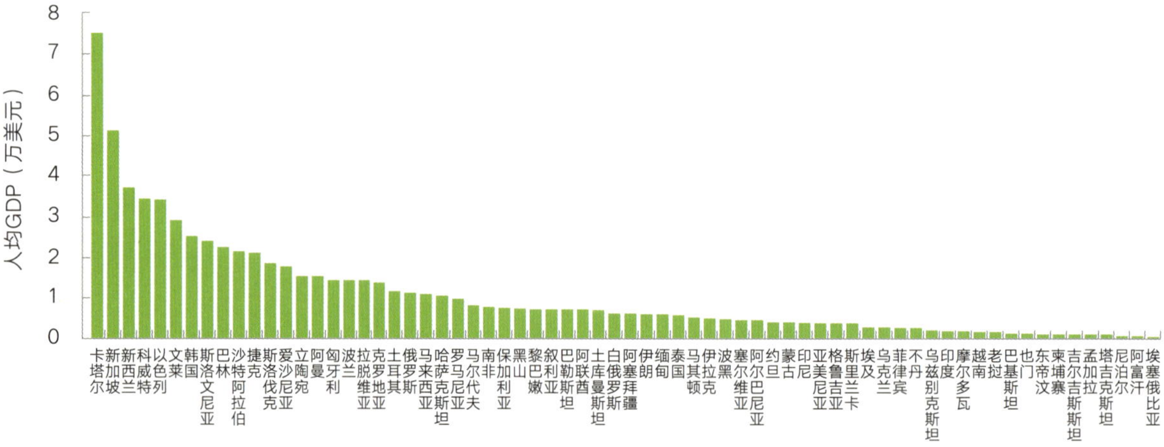

图3-1　2015年“一带一路”沿线国家人均GDP（由高到低排序）

“一带一路”沿线国家GDP平稳增长，近年增速略有放缓。1990—2015年，“一带一路”沿线国家GDP从6.1万亿美元增至14.8万亿美元，年均增长3.6%。分阶段看，1990—2000年年均增长2.2%，2001—2010年年均增长5.0%，2011—2015年年均增长3.7%。

中亚、蒙古经济发展差异大。2015年，中亚与蒙古GDP总量3059亿美元，其中哈萨克斯坦占比达60%以上。2015年，中亚与蒙古人均GDP4400美元，其中哈萨克斯坦（1.05万美元）、土库曼斯坦（0.69万美元）人均GDP相对较高，蒙古0.39万美元，其他三国仅2000美元。

东南亚经济增速呈放缓趋势。2015年，东南亚GDP总量4.04万亿美元，其中韩国、印尼分别占总量的31%、24%；人均GDP5900美元，在“一带一路”沿线国家中处于中游水平。1990—2000年，东南亚GDP年均增长5.5%，2001—2010年为4.8%，2011—2015年进一步降至4.2%。

❶ “一带一路”沿线国家经济人口情况基于世界银行数据整理。

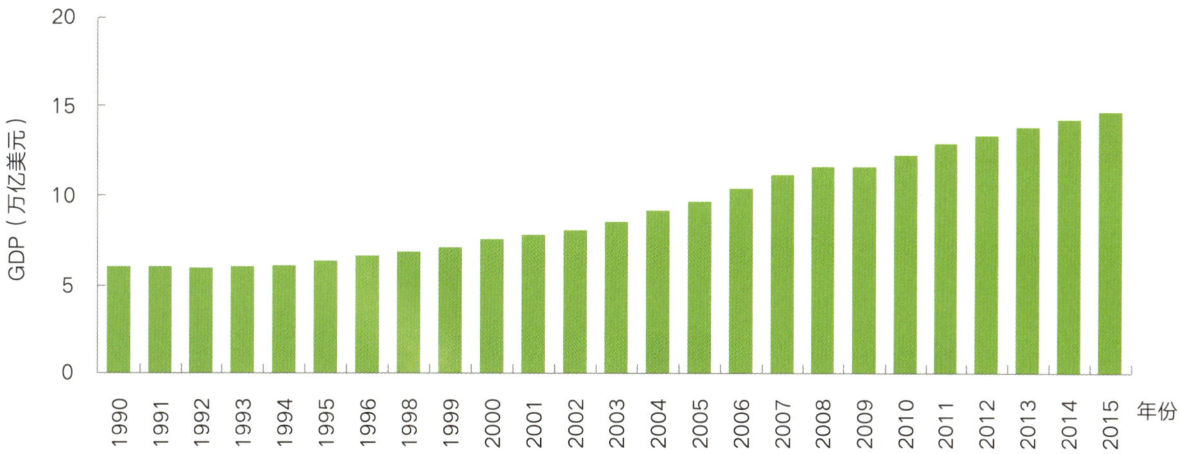

图3-2　1990—2015年“一带一路”沿线国家GDP增长情况

南亚经济发展平稳向好。南亚人口众多，2015年达17.4亿，其中印度13.1亿。受历史、政治及宗教等因素影响，2015年南亚人均GDP仅1600美元，在“一带一路”沿线区域中最低。近年来，南亚经济发展平稳向好，年均增速从1990－2000年的5.3%增至2001－2010年的6.9%；2011－2015年年均增长6.5%，2015年高达7.2%。

西亚、北非贫富不均、经济脆弱。西亚和北非地区经济结构单一，基础设施落后，工业基础薄弱，对外依附严重。2015年人均GDP为7000美元，在“一带一路”沿线国家中处于较高水平。但各国贫富差距较大，卡塔尔、科威特、以色列、巴林、沙特阿拉伯等国人均GDP较高，均超过2万美元；埃塞俄比亚人均GDP最低，仅500美元。

中东欧、独联体国家经济增长缓慢。2015年，中东欧和独联体国家人口总数3.5亿，人均GDP为1.05万美元，在“一带一路”沿线区域中最高。1990－2015年，中东欧和独联体国家GDP由2.57万亿美元增至3.61万亿美元，年均增长1.4%。分阶段看，1990－2000年年均增长-1.6%，2001－2010年年均增长4.3%，2011－2015年年均增长1.6%。

（二）能源生产及消费[1]

“一带一路”沿线国家资源储量丰富、品种多样。东南亚、南亚和南非煤炭资源丰富，2014年“一带一路”沿线国家煤炭产量占世界总量的28.5%；西亚、中东欧、中亚地区石油资源丰富，2014年“一带一路”沿线国家石油及油产品产量占世界总量的52.0%；西亚、中东欧及独联体、东南亚、中亚均储有大量天然气，2014年“一带一路”沿线国家天然气产量占世界总量的52.0%。此外，“一带一路”沿线国家还拥有大量森林资源、海洋资源、可再生能源。

“一带一路”沿线国家占据世界能源生产重要地位。1990－2014年“一带一路”沿线国家能源生产年均增长1.7%，2014年能源生产总量达到80.8亿吨标准煤，占世界能源生产总量的41%。其中，

[1] “一带一路”沿线国家能源电力情况基于国际能源署数据整理。

2014年煤炭、石油、天然气、其他能源产量分别为16.1亿、32.0亿、21.7亿、10.9亿吨标准煤，分别占世界同类能源产量的28%、52%、52%、29%。

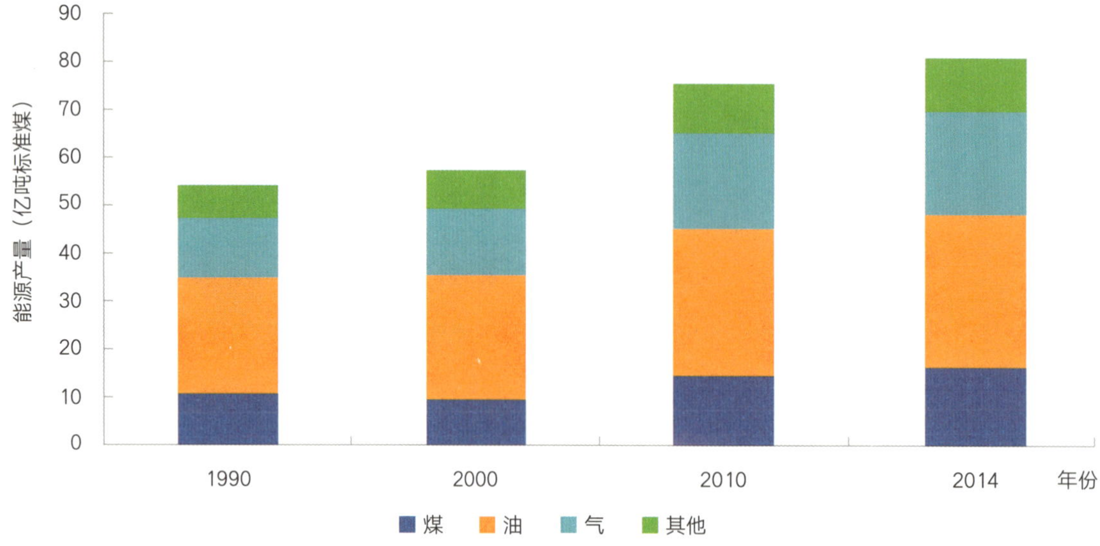

图3-3 1990—2014年“一带一路”沿线国家能源生产情况

西亚、中东欧及独联体是“一带一路”国家主要能源生产来源，其他地区是重要产能补充。1990—2014年，中亚和蒙古、东南亚、南亚、西亚、中东欧和独联体能源生产总量年均增速分别为1.7%、4.0%、2.9%、2.6%、-0.1%。2014年，中亚和蒙古、东南亚、南亚、西亚、中东欧和独联体能源生产量分别为4.5亿、12.1亿、9.5亿、30.8亿、23.8亿吨标准煤，分别占“一带一路”沿线国家能源生产总量的5.6%、15.0%、11.8%、38.1%、29.4%。其中，中亚和蒙古、西亚、中东欧和独联体主要生产石油、天然气，东南亚以生产煤炭、天然气为主，南亚主要生产煤炭。

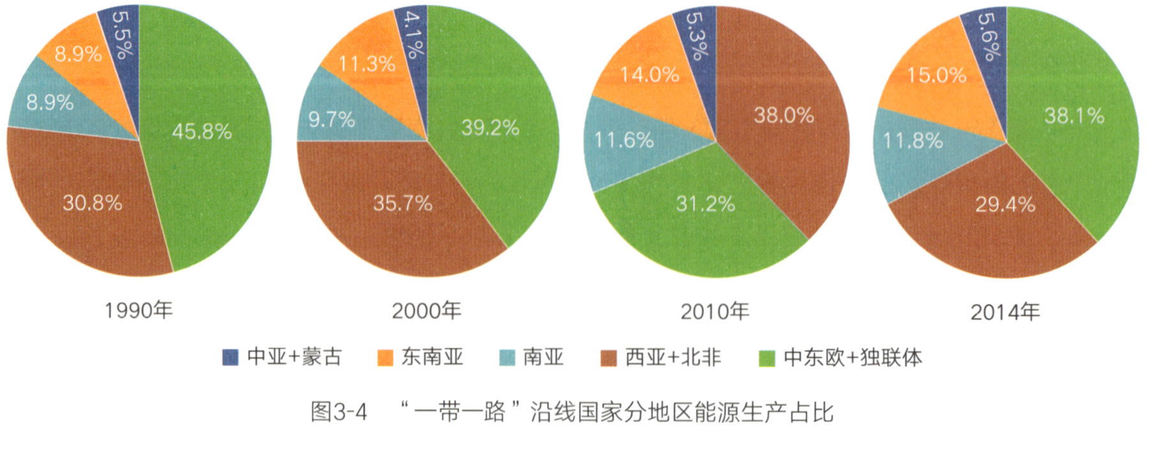

图3-4 “一带一路”沿线国家分地区能源生产占比

“一带一路”沿线国家终端能源消费增速低于能源生产增速。1990—2014年，“一带一路”沿线国家终端能源消费年均增长1.4%，低于能源生产0.3个百分点。2014年，终端能源消费总量达到41.7亿吨标准煤，占世界能源消费总量的31%，低于能源生产占比10个百分点。其中，2014年，煤炭、石油、天然气、电能、热能及其他能源消费分别为3.5亿、15.0亿、8.1亿、6.6亿、8.5亿吨标准煤，占世界同类能源消费比重分别为23.1%、28.0%、40.0%、27.1%、40.5%。

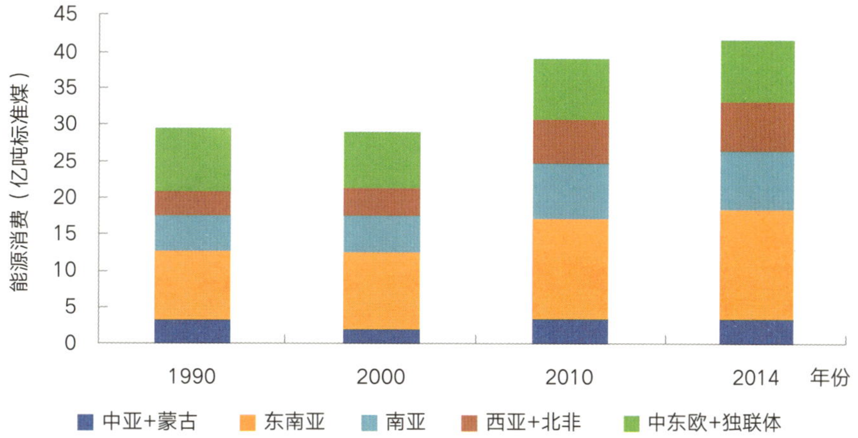

图3-5　1990—2014年"一带一路"沿线国家终端能源消费情况

地区能源消费结构各有特点，总体上以石油为主。在总量上，中亚和蒙古终端能源消费总量与其他地区相差较大，能源消费以石油和天然气为主，合计占终端能源消费总量的61%；东南亚终端能源消费占比的前两位是石油、热能及其他，合计占终端能源消费总量的66%；南亚终端能源消费占比的前三位是煤炭、石油、热能及其他，合计占终端能源消费总量的78%；西亚终端能源消费占比的前两位是石油、天然气，合计占终端能源消费总量的71%；中东欧及独联体终端能源消费占比的前三位是石油、天然气、热能及其他，合计占终端能源消费总量的76%。

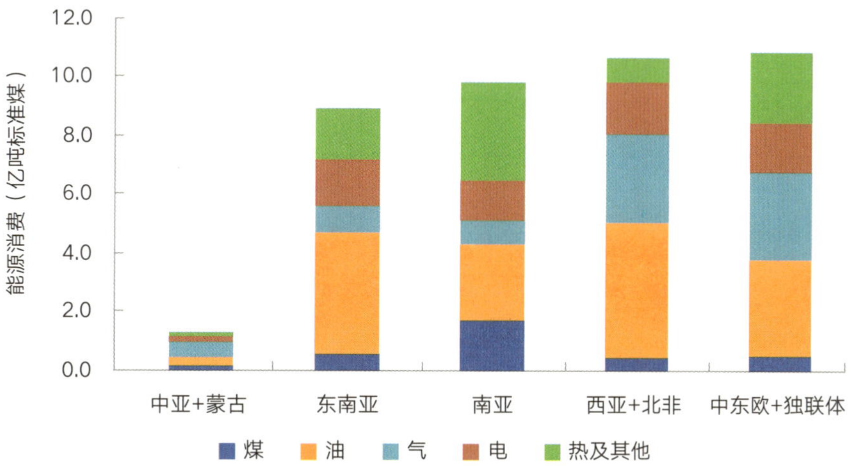

图3-6　2014年"一带一路"沿线国家终端能源消费结构

3 影响未来能源电力需求的关键因素

（一）经济社会发展

“一带一路”沿线国家经济发展的主要影响因素有：

（1）工业化程度、城镇化水平。“一带一路”沿线国家多数处于工业化初期，工业化程度不高，城镇化水平偏低，未来存在较大发展空间。

（2）资源开发。“一带一路”沿线多国资源丰富，是全球能源的生产中心和重要出口地，能源资源开发将为其经济发展注入强大动力。

（3）中国投资。中国是“一带一路”建设的中坚力量，中国不断扩大对“一带一路”沿线国家的贸易往来与直接投资，将为其经济发展提供重要支撑。

（4）市场预期。“一带一路”沿线国家投资预期趋稳向好，对经济增长产生巨大带动作用。

（5）政治局势。“一带一路”沿线少数国家政治局势的不确定性对经济发展产生一定影响。

未来“一带一路”沿线国家经济能源发展大趋势有：

（1）工业化起步国家加快适应工业4.0，落后国家经济发展潜力巨大。工业化起步国家产业转型是未来经济增长的必由之路。在技术革新突飞猛进、信息通信快速发展的工业4.0时代，发展中国家必须及时调整工业布局，持续加强研发投入，利用信息技术提升生产效率。而对于落后国家，经济发展的潜力十分巨大，但受多种因素影响面临一定不确定性。

（2）能源出口依赖型国家开拓新的发展模式，能源进口依赖型国家可大力开发可再生能源。部分国家长期以石油出口作为经济增长最大甚至唯一的驱动力，市场波动严重威胁到经济增长的稳定性和可持续性，极大干扰到金融市场稳定和宏观经济运行，转型发展势在必行。对于能源进口依赖型国家，进口来源多元化或大力发展可再生能源成为可选策略。

（二）国家能源政策

中亚：哈萨克斯坦、乌兹别克斯坦、土库曼斯坦及蒙古四国石油、天然气丰富，大量出口能源资源，但其技术水平较低、设施装备落后。当前，各国政府正致力于吸引外资进入能源资源开发和基础设施建设领域；同时，大力开辟多元出口市场，避免被俄罗斯垄断。此外，蒙古正在大力发展可再生能源。塔吉克斯坦、吉尔吉斯斯坦资源匮乏，目前主要依赖周边国家能源进口，同时大力开发可再生能源，但其拥有能源运输要塞的地理优势。

东南亚、南亚：各国能源主要依靠外部进口，目前多数国家正根据自身情况大力发展可再生能源，构建多元能源供应体系。例如老挝大力发展水能；新加坡关注太阳能使用技术的开发；韩国虽核电技术较为先进，但其发展重心正转向清洁可再生能源。此外，南亚各国正努力引进外资、加强对外合作，谋求改善技术匮乏、装备落后局面。

西亚：伊朗、伊拉克、沙特阿拉伯、科威特等国油气资源丰富，能源资源出口较多。土耳其、以色列、约旦等国资源匮乏，能源主要依靠周边国家进口。为保证国家能源安全，能源进口国正努力实施多元化进口策略，同时大力发展可再生能源。南非电力供应的90%以上为火电，目前正大力发展可再生能源发电。

中东欧：各国能源匮乏，油气资源主要依靠进口。为保障能源安全，各国根据自身情况，大力发展新能源，如捷克、罗马尼亚发展核能，保加利亚、塞尔维亚发展水能，克罗地亚发展太阳能，爱沙尼亚发展风能。独联体除俄罗斯、阿塞拜疆利用本国资源优势大力出口能源资源外，情况与中东欧国家相似。此外，各国均致力于加强国际能源合作、引进国外资金技术，促进新能源发展。

4 “一带一路”沿线国家能源电力需求展望

“一带一路”沿线国家既有韩国、新加坡等发达国家，也有印度、南非等新兴市场国家，但更多是处于或即将进入较快发展阶段的发展中国家，其经济基础较弱、发展潜力巨大，未来存在巨大的用能需求。在2017年“一带一路”高峰论坛上，中国国家主席习近平强调“要抓住新一轮能源结构调整和能源技术变革趋势，建设全球能源互联网，实现绿色低碳发展”。“一带一路”建设有力促进沿线国家基础设施互联互通，推动全球能源互联网建设，为加快能源转型提供支撑，促进经济社会快速发展。

综合考虑经济社会发展、能源资源储量、能源政策取向等因素，对“一带一路”沿线国家能源电力需求进行展望，展望期为2014—2030年，以下主要呈现自主减排情景展望结果。

“一带一路”沿线国家经济保持较快增长，人口不断增加。“一带一路”建设带动沿线国家经济持续较快增长，预计2030年GDP总量达到31.6万亿美元，2015—2030年年均增长5.2%。2030年，“一带一路”沿线国家人口总数达40.5亿，2014—2030年年均增长1.2%，高出世界水平0.4个百分点。

“一带一路”沿线国家能源需求增速加快。2020年、2030年“一带一路”沿线国家一次能源需求总量分别为78.5亿、113.4亿吨标准煤，2014—2020年年均增长3.3%，2020—2030年年均增长3.8%。2030年，“一带一路”沿线国家人均能源需求达到2.8吨标准煤，较2014年水平增长17%。2020年、2030年“一带一路”沿线国家终端能源需求总量分别为53.4亿、80.0亿吨标准煤，2014—2020年年均增长3.7%，2020—2030年年均增长4.1%。

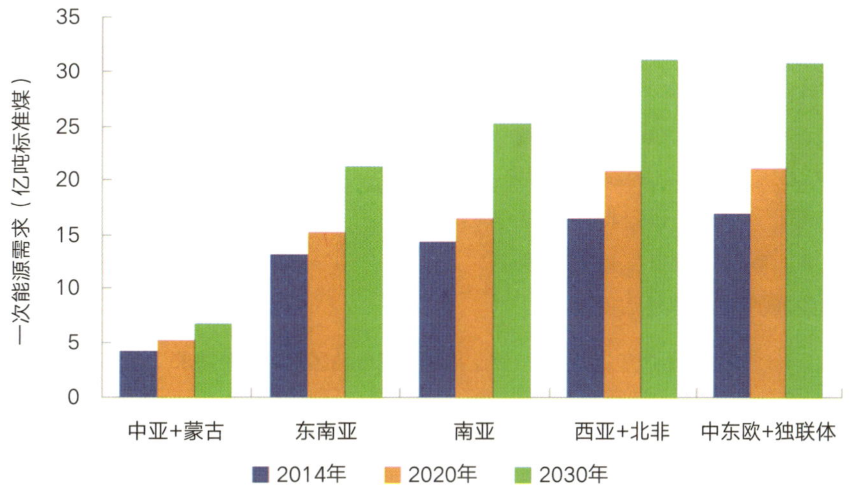

图3-7 “一带一路”沿线国家分地区一次能源需求

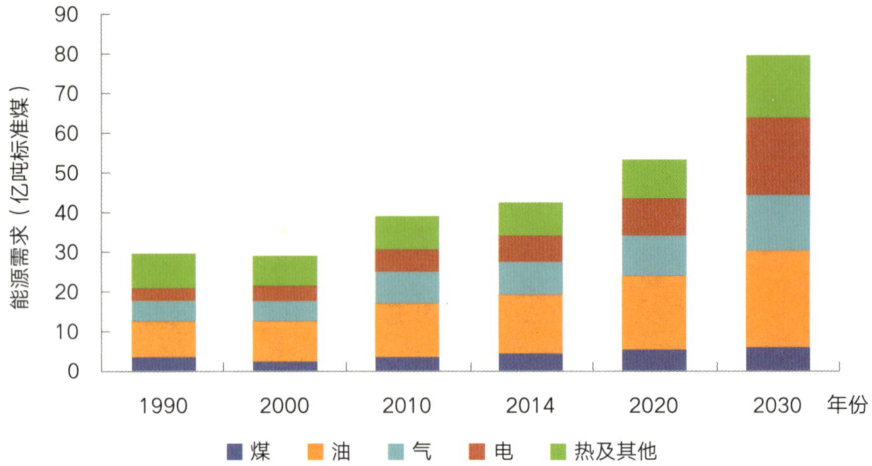

图3-8　“一带一路”沿线国家终端能源需求展望

电力需求加快增长，化石能源需求增速放缓。2020年、2030年“一带一路”沿线国家用电量分别为9.2万亿、19.7万亿千瓦·时，人均用电量分别为2024、4166千瓦·时。电气化水平由2014年的15.6%提升至2020年的17.3%、2030年的24.6%，为世界整体电气化水平提升做出重要贡献。分阶段看，“一带一路”沿线国家电能需求在2014—2020年、2020—2030年两个阶段的年均增速分别为5.7%、7.9%，增速有所加快；天然气需求年均增速分别为4.1%、3.1%，增速有所放缓；石油需求年均增速分别为3.6%、2.7%；煤炭需求年均增速由3.5%下降为1.4%。分品种看，2020年“一带一路”沿线国家终端能源需求中煤炭、石油、天然气、电能、热能及其他能源的占比分别为10.0%、34.7%、19.3%、17.3%、18.7%；2030年煤炭、石油、天然气、电能、热能及其他能源的占比分别为7.6%、30.4%、17.5%、24.6%、19.9%。

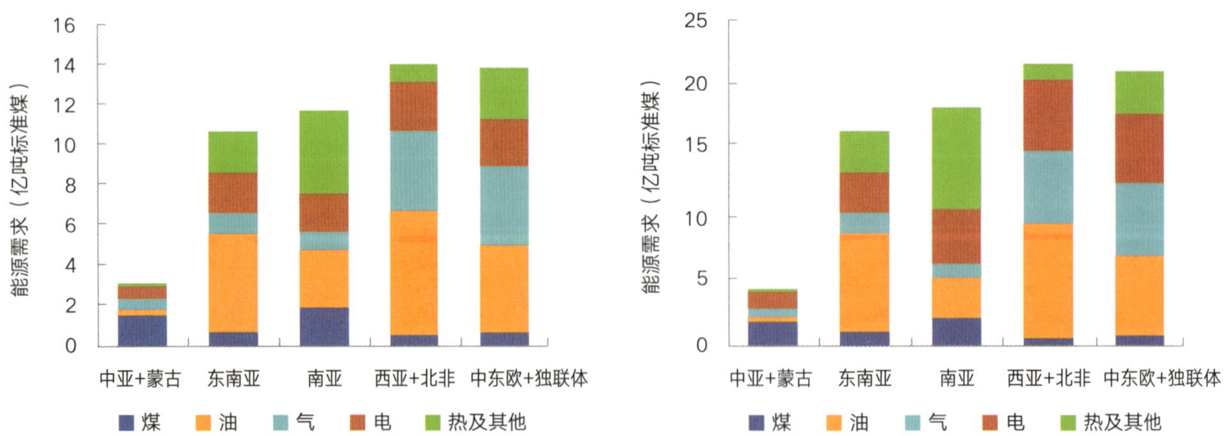

（a）2020年终端能源需求　　（b）2030年终端能源需求

图3-9　“一带一路”沿线国家分地区终端能源需求

“一带一路”带动地区经济发展，地区能源消费格局持续调整。2014—2020年间，西亚、中东欧及独联体地区终端能源需求总量维持快速增长，年均增速分别为5.6%、4.4%；中亚和蒙古地区终端能源需求总量较快增长，年均增速为3.8%；东南亚、南亚地区终端能源需求总量稳定增长，年均增速分别为3.7%、3.5%。2020—2030年间，南亚地区终端能源消费总量增速加快，年均增速为4.5%；西亚、中东欧及独联体、东南亚、中亚及蒙古地区终端能源消费持续增长，年均增速分别为4.4%、4.2%、3.5%、3.2%，增速较2014—2020年略有下降。

附录A 展望结果简表

自主减排情景下一次能源需求

单位：亿吨标准煤

地区＼年份	2015	2020	2030	2040	2050	2015—2050 年均增速
北美	39.4	40.4	39.0	37.4	35.2	-0.3%
美国	31.9	31.9	31.1	29.8	27.4	-0.4%
中南美	11.1	13.0	15.1	16.8	18.0	1.4%
巴西	5.0	5.8	6.9	7.8	8.4	1.5%
欧洲	42.0	43.2	42.0	40.2	38.9	-0.2%
德国	4.6	4.6	4.6	4.4	4.1	-0.3%
法国	3.5	3.4	3.3	3.3	3.2	-0.3%
英国	2.6	2.5	2.3	2.2	2.2	-0.4%
俄罗斯	10.5	10.6	10.8	10.1	9.9	-0.2%
亚太	86.2	98.4	114.1	122.9	125.3	1.1%
中国	42.6	49.7	55.9	56.4	56.0	0.8%
印度	12.7	14.5	20.1	27.0	35.1	2.9%
日本	6.4	6.2	6.2	5.9	5.6	-0.4%
韩国	3.8	3.6	3.5	3.5	3.8	0.0%
中东	10.8	12.3	14.4	16.3	19.3	1.7%
非洲	11.6	13.9	16.8	19.9	22.8	2.0%
南非	2.1	2.4	2.8	3.2	3.4	1.4%
世界	206.4	221.1	241.4	253.6	259.5	0.7%

自主减排情景下2030年、2050年一次能源需求结构

单位：%

地区＼结构	2030年						2050年					
	煤	油	气	水	核	其他	煤	油	气	水	核	其他
北美	9	33	31	6	10	11	6	29	27	7	12	18
美国	16	33	30	3	8	10	9	21	24	5	10	30
中南美	5	36	18	18	1	22	3	25	15	20	1	36
巴西	4	29	11	19	1	35	2	14	7	23	4	51
欧洲	13	25	26	8	8	19	9	16	21	9	6	39
德国	18	25	23	2	3	29	13	19	23	3	3	40
法国	9	23	34	1	10	23	6	18	30	1	11	35
英国	8	23	31	1	14	23	7	17	26	1	18	32
俄罗斯	10	18	55	7	8	2	7	14	56	6	8	8
亚太	36	22	10	7	4	20	27	15	6	7	5	39
中国	43	15	16	11	3	12	29	10	18	13	9	21
印度	36	18	5	5	2	34	25	12	5	9	5	44
日本	16	26	24	6	21	7	11	16	21	7	33	12
韩国	19	25	21	1	23	10	11	13	24	3	24	25
中东	1	46	51	1	0	1	1	48	45	1	1	5
非洲	9	17	14	3	0	56	3	11	11	3	0	70
南非	54	15	3	0	3	24	25	18	5	4	10	38
世界	22	27	20	7	5	20	16	20	15	7	6	36

自主减排情景下终端能源需求

单位：亿吨标准煤

地区 \ 年份	2015	2020	2030	2040	2050	2015—2050 年均增速
北美	26.5	26.8	25.4	23.9	21.8	-0.6%
美国	22.1	21.9	21.1	20.1	19.2	-0.4%
中南美	7.1	8.1	9.3	10.3	10.5	1.1%
巴西	3.2	3.6	4.4	4.7	4.9	1.2%
欧洲	26.5	26.0	24.5	23.2	22.0	-0.5%
德国	3.1	3.1	2.9	2.9	2.8	-0.3%
法国	2.1	2.1	2.0	2.0	2.0	-0.2%
英国	1.8	1.7	1.7	1.7	1.7	-0.2%
俄罗斯	6.5	6.6	6.7	6.7	6.6	0.1%
亚太	54.6	60.7	68.1	72.7	72.9	0.8%
中国	31.7	36.3	39.0	38.8	38.0	0.5%
印度	8.2	9.6	13.4	18.5	24.9	3.2%
日本	4.1	4.2	4.0	3.8	3.6	-0.4%
韩国	2.4	2.5	2.7	2.7	2.8	0.5%
中东	7.2	8.3	9.2	9.8	10.0	0.9%
非洲	8.2	9.4	11.2	12.6	13.4	1.4%
南非	1.1	1.2	1.4	1.5	1.6	1.1%
世界	135.4	149.6	156.0	157.9	156.1	0.4%

自主减排情景下2030年、2050年终端分部门能源需求

单位：%

地区 \ 部门	2030年				2050年			
	工业	交通	居民	商业及其他	工业	交通	居民	商业及其他
北美	15	42	18	26	15	40	18	28
美国	16	44	19	21	14	44	20	22
中南美	27	42	16	16	26	40	17	17
巴西	29	47	9	16	32	44	11	13
欧洲	19	29	24	29	19	28	24	30
德国	23	25	25	27	21	25	26	28
法国	14	30	27	29	14	30	27	29
英国	16	33	30	21	15	34	31	20
俄罗斯	28	20	25	27	28	20	25	27
亚太	37	25	24	15	36	25	26	13
中国	57	16	11	16	45	20	14	20
印度	38	15	28	18	42	18	23	18
日本	26	24	17	33	22	22	19	36
韩国	30	18	11	41	27	17	12	44
中东	29	31	15	25	31	32	16	21
非洲	27	25	36	12	34	30	22	14
南非	32	25	23	21	24	31	23	22
世界	28	30	23	19	29	30	23	18

自主减排情景下2030年、2050年终端分品种能源需求

单位：%

地区 \ 品种	2030年					2050年				
	煤	油	气	电	热及其他	煤	油	气	电	热及其他
北美	1	45	20	27	8	0	32	11	40	17
美国	1	45	24	24	5	1	35	20	39	5
中南美	1	47	14	27	11	1	33	10	41	16
巴西	3	39	6	24	28	2	29	9	39	20
欧洲	2	35	24	28	11	1	23	17	37	22
德国	3	36	27	31	3	2	28	28	39	3
法国	2	38	22	33	5	2	31	23	42	3
英国	2	35	30	31	2	2	27	24	44	3
俄罗斯	2	28	29	19	23	2	21	31	23	24
亚太	14	34	10	26	16	12	20	11	41	16
中国	34	19	11	31	5	24	16	15	40	4
印度	10	28	10	22	30	6	23	14	31	25
日本	7	42	12	33	5	6	36	13	42	3
韩国	5	35	13	33	13	4	25	13	41	17
中东	0	48	29	22	1	0	39	25	34	2
非洲	2	31	11	22	34	0	41	16	39	4
南非	19	32	2	32	15	8	28	6	40	17
世界	7	37	16	26	14	6	27	14	40	14

自主减排情景下电力需求

单位：万亿千瓦·时

地区 \ 年份	2015	2020	2030	2040	2050	2015—2050 年均增速
北美	4.9	5.1	5.6	6.4	8.1	1.4%
美国	4.1	4.4	5.0	5.6	6.7	1.4%
中南美	1.1	1.5	2.0	2.9	4.0	3.7%
巴西	0.5	0.7	1.0	1.5	2.0	3.9%
欧洲	4.8	5.2	5.9	6.4	7.8	1.3%
德国	0.6	0.6	0.8	0.9	1.0	1.6%
法国	0.5	0.5	0.6	0.7	0.7	1.4%
英国	0.3	0.4	0.5	0.6	0.6	1.9%
俄罗斯	1.0	1.1	1.3	1.5	1.6	1.5%
亚太	9.7	11.2	14.5	20.2	27.9	3.1%
中国	5.7	7.6	10.3	12.1	13.6	2.5%
印度	1.1	1.4	2.6	4.4	6.8	5.5%
日本	1.0	1.0	1.1	1.2	1.3	0.8%
韩国	0.5	0.7	0.8	0.9	1.0	1.9%
中东	0.9	1.1	1.6	2.2	3.7	3.9%
非洲	0.7	1.5	2.9	4.4	6.0	6.2%
南非	0.2	0.5	0.9	1.4	1.8	6.2%
世界	22.2	25.6	32.6	42.6	57.4	2.8%

自主减排情景下2030年、2050年电力需求结构

单位：%

地区＼部门	2030 年				2050 年			
	工业	交通	居民	商业及其他	工业	交通	居民	商业及其他
北美	21	5	32	42	18	22	26	34
美国	21	4	37	38	13	23	29	35
中南美	37	6	29	28	33	12	25	30
巴西	36	4	22	38	34	16	22	29
欧洲	26	9	27	39	20	15	34	31
德国	27	5	34	35	20	10	36	35
法国	16	7	39	38	12	11	38	39
英国	19	6	42	33	13	15	43	29
俄罗斯	40	12	25	23	37	11	28	24
亚太	46	5	22	28	38	15	19	28
中国	57	8	22	12	37	18	30	15
印度	43	3	27	27	44	8	25	23
日本	25	3	29	43	19	8	30	43
韩国	52	3	14	30	41	9	16	33
中东	19	6	39	36	15	12	30	43
非洲	44	3	34	19	46	6	34	15
南非	41	3	29	28	27	10	29	33
世界	38	6	29	28	34	17	25	24

自主减排情景下2030年、2050年发电量结构

单位：%

地区＼结构	2030 年								2050 年							
	煤	油	气	水	核	风	光	其他	煤	油	气	水	核	风	光	其他
北美	25	1	28	13	20	9	4	1	8	0	14	10	16	28	22	3
美国	20	0	32	7	24	13	3	1	7	0	20	5	22	30	12	3
中南美	12	6	16	35	1	17	9	5	5	2	8	21	1	39	18	7
巴西	4	3	12	59	2	12	5	3	2	1	6	32	1	39	13	6
欧洲	27	1	16	16	16	14	5	4	12	0	9	14	10	35	14	4
德国	32	0	14	4	5	19	13	13	5	0	10	4	3	32	29	16
法国	1	0	5	8	63	11	7	5	1	0	4	7	58	13	12	4
英国	7	0	31	2	19	23	11	7	3	0	28	2	17	30	15	6
俄罗斯	10	0	53	17	17	1	1	1	4	0	51	16	17	5	5	1
亚太	46	1	11	16	8	10	5	3	23	0	7	9	6	33	17	4
中国	53	0	5	19	5	9	3	5	20	0	9	17	11	23	11	8
印度	61	1	7	12	4	9	4	3	43	0	7	11	4	20	9	5
日本	14	6	54	12	7	0	3	4	9	3	52	13	14	1	4	5
韩国	34	2	20	6	29	2	5	3	8	1	16	16	26	10	15	8
中东	0	15	64	3	1	4	14	3	0	5	37	2	1	10	42	4
非洲	31	3	49	6	0	3	4	3	19	2	39	4	0	15	16	6
南非	48	0	4	0	2	15	22	9	20	0	9	1	1	23	35	11
世界	33	2	21	15	10	10	5	3	16	1	13	10	7	30	19	4

自主减排情景下发电装机

单位：亿千瓦

地区 \ 年份	2015	2020	2030	2040	2050	2015—2050 年均增速
北美	12.9	13.8	15.5	20.0	29.5	2.4%
美国	10.8	12.1	14.1	16.2	19.6	1.7%
中南美	3.2	3.8	6.0	9.6	13.8	4.2%
巴西	1.4	1.7	2.6	4.0	5.1	2.1%
欧洲	15.0	16.1	19.4	22.0	29.2	1.9%
德国	2.0	2.3	3.2	4.0	4.3	2.2%
法国	1.3	1.4	1.6	1.9	2.0	1.3%
英国	1.0	1.2	1.7	2.0	2.3	2.5%
俄罗斯	2.5	2.6	3.0	3.7	4.4	1.5%
亚太	27.8	32.8	46.6	72.7	108.7	4.0%
中国	15.2	19.3	28.8	36.8	42.5	3.0%
印度	3.4	4.1	8.2	14.7	22.7	5.6%
日本	3.3	3.9	4.7	5.6	6.6	2.0%
韩国	1.1	1.4	2.0	2.7	3.6	3.5%
中东	2.6	3.3	5.3	8.0	14.6	5.1%
非洲	1.7	3.7	7.6	13.3	19.9	7.4%
南非	0.5	1.3	3.0	4.1	4.7	6.9%
世界	63.1	73.6	100.4	145.5	215.7	3.6%

自主减排情景下2030年、2050年发电装机结构

单位：%

地区 \ 结构	2030年								2050年							
	煤	油	气	水	核	风	光	其他	煤	油	气	水	核	风	光	其他
北美	18	1	32	14	10	13	10	1	5	0	12	8	7	28	39	1
美国	14	1	25	9	13	29	8	1	6	1	20	5	10	42	13	3
中南美	5	4	16	30	1	23	16	5	2	1	6	15	0	43	25	7
巴西	4	3	12	43	1	19	15	3	2	1	5	22	1	40	24	5
欧洲	15	1	22	19	8	20	13	3	6	0	9	14	5	37	26	2
德国	19	0	13	5	4	28	25	6	5	0	9	4	1	36	35	9
法国	2	0	6	13	38	19	20	3	1	0	5	9	33	20	30	3
英国	6	0	30	3	8	27	20	5	3	0	20	2	7	37	26	4
俄罗斯	13	1	47	21	11	3	3	1	4	0	30	16	14	16	19	1
亚太	30	3	12	16	5	18	13	3	12	1	5	8	4	36	31	4
中国	43	0	6	19	3	16	9	5	18	0	6	13	5	26	22	10
印度	45	1	9	14	2	18	9	4	28	0	7	11	2	27	23	4
日本	11	8	44	18	6	4	6	4	9	5	40	18	10	6	6	6
韩国	22	2	20	14	19	8	10	5	5	1	9	24	15	16	21	10
中东	2	9	59	4	0	6	17	2	1	2	28	2	0	11	52	2
非洲	23	2	48	6	0	6	12	5	11	1	29	3	0	18	32	6
南非	35	0	3	1	1	32	22	6	16	0	6	0	1	39	29	9
世界	22	3	22	16	6	16	13	3	9	1	11	8	3	32	33	3

高需求情景、自主减排情景、高能效情景主要结果对比

指标	高需求情景				自主减排情景				高能效情景			
	2020年	2030年	2040年	2050年	2020年	2030年	2040年	2050年	2020年	2030年	2040年	2050年
一次能源需求（亿吨标准煤）	228	258	278	290	221	241	254	260	216	226	233	230
非化石能源占一次能源的比重（%）	25	34	50	73	25	32	39	49	25	33	49	72
终端能源需求（亿吨标准煤）	149	164	170	168	145	153	158	156	141	145	147	143
电力需求（万亿千瓦·时）	27	36	52	73	26	33	43	57	25	33	47	65
电能占终端比重（%）	20	25	35	50	20	24	30	40	20	25	35	50
发电装机（亿千瓦）	78	120	199	302	74	100	146	216	71	107	173	261
非水可再生能源装机占比（%）	19	40	66	80	16	32	52	68	15	39	63	78
发电量（万亿千瓦·时）	29	39	56	78	28	35	46	62	27	36	51	70
非水可再生能源发电量占比（%）	10	25	47	66	9	19	35	53	8	24	46	65
能源相关CO_2排放（亿吨）	365	370	253	110	360	366	330	274	344	322	228	110

附录B 数据口径与折算方法

本书统计分析的一次能源包括煤炭、石油、天然气、水能、核能、风能、太阳能、生物质能及其他。非化石能源发电利用采用燃料替代法。

终端部门分为工业、交通、居民、商业及其他、非能利用。终端能源品种包括煤炭、石油、天然气、电力、热力及其他，计算采用电热当量法。

发电统计了燃煤、燃油、燃气、水电、核电、风电、太阳能发电、生物质发电及其他。发电量统计采用全口径，用电量取值为“发电量+进口-出口-线损”。

二氧化碳排放根据化石燃料的消费量和排放因子计算。其中，煤炭、石油、天然气的二氧化碳排放系数分别取2.772、2.149、1.64吨/吨标准煤。对于非能利用，只计释放的二氧化碳，煤炭、石油、天然气的释放比例分别取0.6、0.4和0.67。

能源换算表

项目	太焦（10^{12}焦耳）	百万吨标准煤（10^6煤当量）	百万吨标准油（10^6油当量）	吉瓦·时（10^6千瓦·时）
1太焦（10^{12}焦耳）	1	3.416×10^{-5}	2.388×10^{-5}	0.2778
1百万吨标准煤（10^6煤当量）	29270	1	0.7	8141
1百万吨标准油（10^6油当量）	41868	1.4286	1	11630
1吉瓦·时（10^6千瓦·时）	3.6	1.228×10^{-4}	8.6×10^{-5}	1

附录C 全球地区划分

区域	国家（地区）
北美	美国、加拿大、墨西哥
中南美	巴西、阿根廷、智利、委内瑞拉、哥伦比亚、厄瓜多尔、秘鲁、特立尼达和多巴哥岛、玻利维亚、哥斯达黎加、古巴、多米尼加、萨尔瓦多、危地马拉、海地、洪都拉斯、牙买加、荷属安的列斯群岛、尼加拉瓜、巴拿马、巴拉圭、乌拉圭、安提瓜和巴布达、阿鲁巴、巴哈马、巴巴多斯、伯利兹、百慕大群岛、英属维京群岛、开曼群岛、多米尼克、福克兰群岛、法国圭亚那、格林纳达、瓜德罗普岛、圭亚那、马提尼克、蒙特塞拉特岛、波多黎各、圣基茨和尼维斯、圣露西亚、圣彼埃尔和密克隆岛、圣文森特和格林纳丁斯群岛、苏里南、特克斯和凯科斯群岛
亚太	中国、印度、日本、韩国、澳大利亚、印尼、以色列、新西兰、孟加拉国、文莱、柬埔寨、中国台湾、马来西亚、蒙古、朝鲜、缅甸、尼泊尔、巴基斯坦、菲律宾、新加坡、斯里兰卡、泰国、越南、阿富汗、不丹、库克群岛、东帝汶、斐济、法属玻利尼西亚、基里巴斯、老挝、澳门、马尔代夫、新喀里多尼亚、帕劳群岛、巴布亚新几内亚、所罗门群岛、萨摩亚、汤加、瓦努阿图
中东	沙特阿拉伯、伊朗、伊拉克、巴林、约旦、科威特、黎巴嫩、阿曼、卡塔尔、叙利亚、阿联酋、也门
欧洲	德国、法国、英国、意大利、西班牙、奥地利、比利时、捷克、丹麦、爱沙尼亚、芬兰、希腊、匈牙利、爱尔兰、卢森堡、荷兰、波兰、葡萄牙、斯洛伐克、斯洛文尼亚、瑞典、冰岛、挪威、瑞士、土耳其、阿尔巴尼亚、波斯尼亚和黑塞哥维那、保加利亚、塞浦路斯、克罗地亚、前南斯拉夫的马其顿共和国、直布罗陀、马耳他、罗马尼亚、塞尔维亚 、黑山；俄罗斯、哈萨克斯坦、拉脱维亚、立陶宛、亚美尼亚、阿塞拜疆、白俄罗斯、格鲁吉亚、吉尔吉斯斯坦、科索沃、摩尔多瓦、塔吉克斯坦、土库曼斯坦、乌兹别克斯坦、乌克兰
非洲	南非、尼日利亚、埃及、阿尔及利亚、安哥拉、贝宁、博茨瓦纳、喀麦隆、刚果民主共和国、刚果、科特迪瓦、厄立特里亚、埃塞俄比亚、加蓬、加纳、肯尼亚、利比亚、摩洛哥、莫桑比克、纳米比亚、塞内加尔、苏丹、坦桑尼亚、多哥、突尼斯、赞比亚、津巴布韦、布基纳法索、布隆迪、佛得角、中非、乍得、科摩罗、吉布提、赤道几内亚、冈比亚、几内亚比绍、几内亚、莱索托、利比里亚、马达加斯加、马拉维、马里、毛里塔尼亚、毛里求斯、尼日尔、留尼汪岛、卢旺达、圣多美和普林西比、塞舌尔、塞拉利昂、索马里、斯威士兰、乌干达、西撒哈拉

附录D “一带一路”沿线国家地区划分

区域	国家（地区）
中亚（5国）+蒙古	哈萨克斯坦、乌兹别克斯坦、土库曼斯坦、塔吉克斯坦、吉尔吉斯斯坦、蒙古
东南亚（12国）	新加坡、马来西亚、印尼、缅甸、泰国、老挝、柬埔寨、越南、文莱、菲律宾、东帝汶、韩国
南亚（8国）	印度、巴基斯坦、孟加拉、阿富汗、斯里兰卡、马尔代夫、尼泊尔、不丹
西亚+北非（18国）	伊朗、伊拉克、土耳其、叙利亚、约旦、黎巴嫩、以色列、巴勒斯坦、沙特阿拉伯、也门、阿曼、阿联酋、卡塔尔、科威特、巴林、埃及、埃塞俄比亚、南非
中东欧+独联体（24国）	波兰、立陶宛、爱沙尼亚、拉脱维亚、捷克、斯洛伐克、匈牙利、斯洛文尼亚、克罗地亚、波黑、黑山、塞尔维亚、阿尔巴尼亚、罗马尼亚、保加利亚、马其顿、俄罗斯、乌克兰、白俄罗斯、格鲁吉亚、阿塞拜疆、亚美尼亚、摩尔多瓦、新西兰

参考文献

[1] 国家发展改革委，国家能源局．能源发展“十三五”规划 [R]．北京：2016.

[2] 国家发展改革委，国家能源局．电力发展“十三五”规划 [R]．北京：2016.

[3] 国家发展改革委，国家能源局．煤炭工业发展“十三五”规划 [R]．北京：2016.

[4] 国家发展改革委，国家能源局．石油发展“十三五”规划 [R]．北京：2016.

[5] 国家发展改革委，国家能源局．天然气发展“十三五”规划 [R]．北京：2016.

[6] 国家发展改革委，国家能源局．可再生能源发展“十三五”规划 [R]．北京：2016.

[7] 国家发展改革委，国家能源局．能源生产和消费革命战略（2016—2030）[R]．北京：2016.

[8] 国家发展改革委，外交部，商务部．推动共建丝绸之路经济带和 21 世纪海上丝绸之路的愿景与行动 [R]．北京：2015.

[9] 国家发展改革委，国家能源局．推动丝绸之路经济带和 21 世纪海上丝绸之路能源合作愿景与行动 [R]．北京：2017.

[10] 中国能源发展战略研究组．中国能源发展战略选择 [M]．北京：清华大学出版社，2014.

[11] 中国能源中长期发展战略研究项目组 . 中国能源中长期（2030、2050）发展战略研究 [M]．北京：科学出版社，2011.

[12] 谢克昌，等．推动能源生产和消费革命战略研究 [M]．北京：科学出版社，2017.

[13] 黄其励，袁晴棠，等．能源生产革命的若干问题研究 [M]．北京：科学出版社，2017.

[14] 倪维斗，金涌，等．能源消费革命的若干问题研究 [M]．北京：科学出版社，2017.

[15] 张玉卓，等．世界能源版图变化与能源生产消费革命 [M]．北京：科学出版社，2017.

[16] 岑可法，等．推动能源生产和消费革命的支撑与保障 [M]．北京：科学出版社，2017.

[17] 杜祥琬，等．生态文明建设与能源生产消费革命 [M]．北京：科学出版社，2017.

[18] 何继善，等．第三次工业革命与能源生产消费革命 [M]．北京：科学出版社，2017.

[19] 杜祥琬．中国能源战略研究 [M]．北京：科学出版社，2016.

[20] 韩文科，杨玉峰．中国能源展望：把握变革 重塑未来 [M]．北京：中国经济出版社，2012.

[21] 中国石油经济技术研究院．2050 年世界与中国能源展望（2017 版）[R]．北京，2017.

[22] 中国能源研究会．中国能源展望 2030[M]．北京：经济管理出版社，2016.

[23] 徐小杰．世界能源中国展望（2013—2014）[M]．北京：社会科学文献出版社，2014.

[24] 中国社会科学院世界经济与政治研究所．世界能源中国展望（2014—2015）[M]．北京：中国社会科学出版社，2015.

[25] 中国社会科学院世界经济与政治研究所．世界能源中国展望（2015—2016）[M]．北京：中国社会科学出版社，2016.

[26] 国际能源署．能源技术展望：面向 2050 年的情景与战略 [M]．张阿玲，等译．北京：清华大学出版社，2009.

[27] 国家可再生能源中心. 国际可再生能源发展报告 2016 [M]. 北京：中国经济出版社，2016.

[28] 王仲颖，单国瑞，等. 中国可再生能源展望 2016 [M]. 北京：科学出版社，2017.

[29] 电力规划设计总院. 中国能源发展报告 2016 [M]. 北京：中国电力出版社，2017.

[30] 电力规划设计总院. 中国电力发展报告 2016 [M]. 北京：中国电力出版社，2017.

[31] 国际能源署. 能源与空气污染：世界能源展望特别报告 [M]. 国网能源研究院，组译. 北京：机械工业出版社，2017.

[32] 美国能源信息署. 国际能源展望：未来国际能源市场分析与预测 [M]. 张军，等译. 北京：科学出版社，2006.

[33] 刘振亚. 全球能源互联网 [M]. 北京：中国电力出版社，2015.

[34] 刘振亚. 中国能源与电力 [M]. 北京：中国电力出版社，2012.

[35] 何建坤，陈文颖. 应对气候变化研究方法论 [M]. 北京：科学出版社，2015.

[36] 吴静，等. 应对气候变化的全球治理研究 [M]. 北京：科学出版社，2016.

[37] 高国伟，马莉，徐杨. 中国与“一带一路”沿线国家能源合作研究 [M]. 北京：人民日报出版社，2017.

[38] 许勤华，钟兆伟. 中国能源政策解读: 能源革命与“一带一路”倡议 [M]. 北京: 石油工业出版社，2017.

[39] International Energy Agency. World Energy Outlook 2016. Paris, 2016.

[40] International Energy Agency. Energy Efficiency 2017. Paris, 2017.

[41] International Energy Agency. Energy Technology Perspectives 2017. Paris, 2017.

[42] World Energy Council. World Energy Scenarios 2016. London, 2016.

[43] U.S. Energy Information Adminstration. International Energy Outlook 2016. Washington DC, 2016.

[44] Institute of Energy Economics, Japan. Asia/World Energy Outlook 2016. Tokyo, 2016.

[45] The Energy Research Institute of the Russain Academy of Science. Global and Russian Energy Outlook to 2040. Moscow, 2014.

[46] BP. World Energy Outlook 2017. London, 2017.

[47] ExxonMobil. 2017 Outlook for Energy: A View to 2040. Texas, 2017.

[48] International Monetary Fund. World Economic Outlook 2017. Washington DC, 2017.

[49] World Bank.Global Economic Prospects 2017. Washington DC, 2017.

[50] UN. World Population Prospects 2017. New York, 2017.

[51] 赵庆波，单葆国. 世界能源需求现状及展望 [J]. 中国能源，2002，（2）：34-36.

[52] 曹斌，李文涛，杜国敏，吴浩筠. 2030 年后世界能源将走向何方？——全球主要能源展望报告分析 [J]. 国际石油经济，2016，24（11）：8-15.

[53] 朱发根，单葆国，马丁，刘小聪，李江涛. 基于 CO_2 减排目标的 2050 年全球能源需求展望 [J]. 中国电力. 2016，49（3）：34-38.

[54] 马丁，单葆国. 2030年世界能源展望——基于全球能源展望报告的对比研究[J]. 中国能源，2017，39（2）：21-24.

[55] 马丁，单葆国，朱发根. 基于CO_2排放达峰目标的中长期能源需求展望[J]. 中国电力，2017，50（3）：180-185.

[56] 高翔，滕飞.《巴黎协定》与全球气候治理体系的变迁[J]. 中国能源，2016，38（2）：19，29-32.

[57] 李俊峰，柴麒敏，马翠梅，王际杰，周泽宇，王田. 中国应对气候变化政策和市场展望[J]. 中国能源，2016，38（1）：5-11，21.

[58] 崔学勤，王克，邹骥. 2℃和1.5℃目标对中国国家自主贡献和长期排放路径的影响[J]. 中国人口·资源与环境，2016，26（12）：1-7.

[59] 冯相昭，刘哲，田春秀，王敏. 从国家自主贡献承诺看全球气候治理体系的变化[J]. 世界环境，2015，（6）：35-39.

[60] 柴麒敏，傅莎，祁悦，樊星，徐华清. 特朗普“去气候化”政策对全球气候治理的影响[J]. 中国人口·资源与环境，2017，27（8）：1-8.